POLYGLOTT on tour

Straßburg

W0088473

Der Autor
Wolfgang Rössig

Mit großer Faltkarte
& 80 Stickern
für die individuelle Planung

www.polyglott.de

SPECIALS

27 Mit Kindern in der Stadt
36 Elsässisches Bier
43 Cityabenteuer für Aktive
80 Einkaufstipps für Genießer
93 Fachwerkarchitektur
103 Weihnachtszauber
114 Nightlife

ERSTKLASSIG!

30 Die romantischsten Hotels
38 Restaurants mit Flair
41 Die schönsten Märkte
87 Die schönsten Fachwerk-
   ensembles
94 Postkartenreife Ansichten
107 Straßburg gratis
134 Architekturmeilensteine

ALLGEMEINE KARTEN

4 Übersichtskarte der Kapitel
50 Die Lage Straßburgs
142 Ausflüge von Straßburg

STADTTEIL-KARTEN

69 Münster
79 Rund um das Münster
96 Altstadt – Illinsel
126 Krutenau bis Europaviertel
136 Nach Pourtalès

6 Typisch

8 Straßburg ist eine Reise
   wert!
11 Reisebarometer
12 50 Dinge, die Sie …
19 Was steckt dahinter?
159 Meine Entdeckungen
160 Checkliste Straßburg

20 Reiseplanung & Adressen

22 Die Stadtviertel
   im Überblick
24 Klima & Reisezeit
24 Anreise
26 Stadtverkehr
29 Unterkunft
33 Essen & Trinken
40 Shopping
45 Am Abend
152 Infos von A–Z
155 Register & Impressum

48 Land & Leute

50 Steckbrief
52 Geschichte im Überblick
54 Die Menschen
55 Kunst & Kultur
61 Feste & Veranstaltungen
158 Mini-Dolmetscher

SYMBOLE ALLGEMEIN

 Besondere Tipps der Autoren

 Specials zu besonderen
Aktivitäten und Erlebnissen

 Spannende Anekdoten
zum Reiseziel

★ Top-Highlights und
★ Highlights der Destination

62 Top-Touren & Sehenswertes

64 Altstadt auf der Illinsel
66 Tour ➊ Münsterviertel
82 Tour ➋ Zwischen Münster und Gerberviertel
89 Tour ➌ Petite France
98 Tour ➍ Französisches Viertel

108 Krutenau
110 Tour ➎ Charme des Alltäglichen

117 Deutsches Viertel
119 Tour ➏ Preußische Prachtentfaltung

128 Europaviertel
129 Tour ➐ Das moderne Straßburg

135 Ausflüge & Extra-Touren
136 Pourtalès per Rad
137 Colmar
139 Nördliche Weinstraße
144 Tour ➑ Straßburg für Tagesbesucher
146 Tour ➒ Ein Wochenende in Straßburg
149 Tour ➓ Europäisches Flair und Vorstadtidyll

TOUR-SYMBOLE		PREIS-SYMBOLE	
➊ Die POLYGLOTT-Touren		Hotel DZ	Restaurant
6 Stationen einer Tour	€	bis 70 EUR	bis 30 EUR
➊ Zwischenstopp Essen & Trinken	€€	70 bis 130 EUR	30 bis 60 EUR
① Hinweis auf 50 Dinge	€€€	über 130 EUR	über 60 EUR
[A1] Die Koordinate verweist auf die Platzierung in der Faltkarte			
[a1] Platzierung Rückseite Faltkarte			

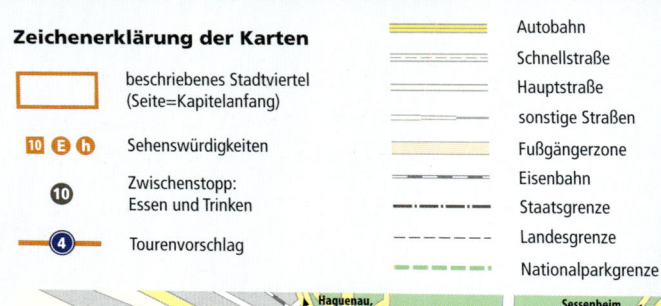

Zeichenerklärung der Karten

beschriebenes Stadtviertel (Seite=Kapitelanfang)

10 **E** **h** Sehenswürdigkeiten

10 Zwischenstopp: Essen und Trinken

4 Tourenvorschlag

Autobahn

Schnellstraße

Hauptstraße

sonstige Straßen

Fußgängerzone

Eisenbahn

Staatsgrenze

Landesgrenze

Nationalparkgrenze

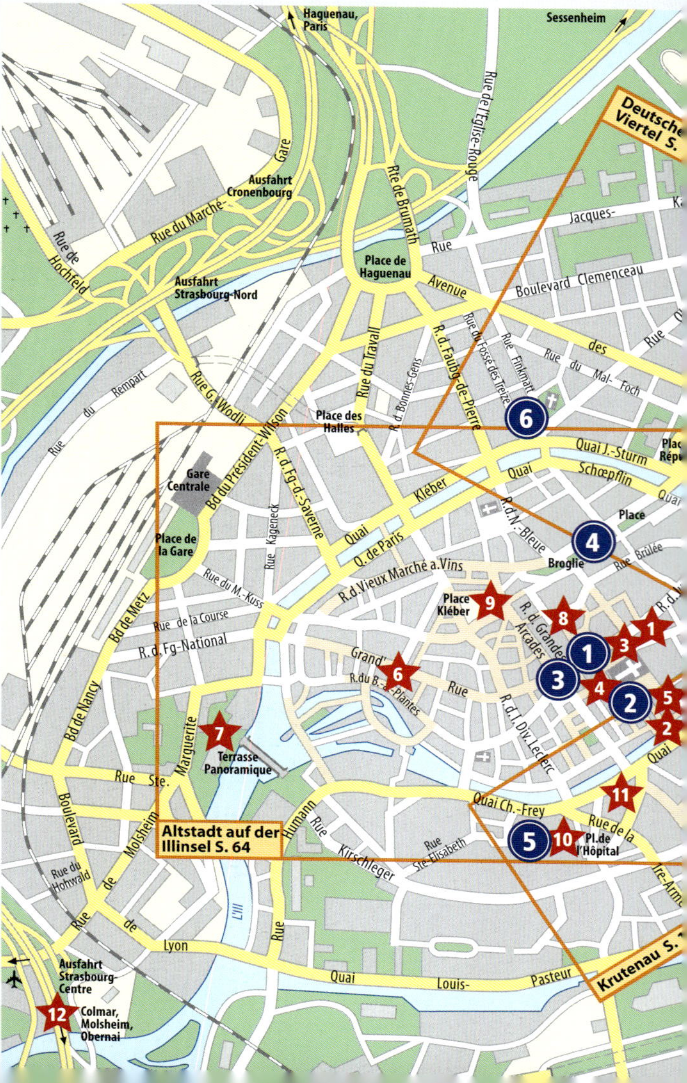

Haguenau, Paris

Sessenheim

Deutsches Viertel S.

Ausfahrt Cronenbourg

Rue de Hochfeld

Rue du Marché

Rue de l'Eglise-Rouge

Jacques-

Boulevard Clemenceau

Ausfahrt Strasbourg-Nord

Place de Haguenau

Avenue

Rue

des

Rue du Mal.-Foch

Rue du Rempart

Rue du Travail

R. du Faubg-de-Pierre

Place des Halles

6

Quai J.-Sturm

Schœpflin

Place Rép

Gare Centrale

Bd du Président-Wilson

R. du Fg-de-Saverne

Kléber

Quai

Q. de Paris

R. d.N. Bleue

Place Broglie

4

Rue Brûlée

R.d.

Place de la Gare

Rue du M.-Kuss

R. d. Vieux Marché a. Vins

Place Kléber

9

R. d. Grandes Arcades

8

1

3

1

Bd de Metz

Rue de la Course

R. d. Fg-National

Grand'

R. du B.-Plantes

6

Rue

3

4

R.d.l. Div. Leclerc

2

5

2

Quai

Bd de Nancy

Rue Ste-Marguerite

7

Terrasse Panoramique

Quai Ch.-Frey

11

Boulevard

Rue de Molsheim

Rue Hannong

Rue Kirschleger

Rue Ste-Elisabeth

5

10

Pl. de l'Hôpital

Rue de la

Rte Arm

Rue du Hohwald

Altstadt auf der Illinsel S. 64

Rue de

Lyon

Quai

Louis-

Pasteur

Krutenau S.

Ausfahrt Strasbourg-Centre

12 Colmar, Molsheim, Obernai

4

Top 12 Highlights

1 Poterie d'Alsace › S. 40

2 Bootsrundfahrten › S. 43

3 Straßburger Münster › S. 66

4 Musée de l'Oeuvre Notre Dame › S. 74

5 Palais Rohan › S. 82

6 La Petite France › S. 91

7 Musée d'Art Moderne & Contemporain › S. 94

8 Rue des Orfèvres › S. 101

9 Place Kléber › S. 102

10 Historischer Weinkeller › S. 110

11 Musée Alsacien › S. 116

12 Colmar › S. 137

1 **Touren-Start**

Perfekte Planung
Parallel Klappe vorne links aufschlagen

Wacken

Palais de la Musique et des Congres

Europaviertel S.128

Europaparlament IPE IV

Robertsau, Pourtalès

Palais Droits de l'Homme

Av. Schutzenberger

Rue d. Jacinthes

Quai du Ch. Winter

Rue du Gén. Ulrich

Allée Spach

Palais de l'Europe

Quai Jacoutot

Rue de la Carpe-Haute

Rue Boreau

Place de Bordeaux

Rue

Lauth

Avenue de l'Europe

Rue du Gén.Ducrot

Mullenheim

Bd Jacquespreiss

Parc des Contades

Robertsau

Parc de l'Orangerie

Boulevard

de l'Orangerie

E. Valentin

Erwin

Mullenheim

Rouget

Rue Fischmann

Charron

de l'Isle

Rue Gottfried

R.Fr.-X.-Richter

de la Paix

Quai

Quai

Allée

de

La

Bd Tauler

R. Massenet

Haydn

R.R.-Wagner

Rue

Parc des Contades

Vosges

Rue Schweighäuser

Geiler

Boulevard

Rue Beethoven

Rue d'Ypres

Av. de la Liberté

Avenue

Rue

de

Goethe

Rue de l'Eure

Boulevard de la Marne

Rue de l'Yser

Rotterdam

la Marseillaise

Rue de l'Université

La

Forêt

d'Anvers

Rue

2 **7**

Boulevard de la Victoire

Barteholos

Noire

Pt d'Anvers

R.de l'Académie

Rue Vauban

Rue de Copenhague

Rue de Stockholm

de

Place du Foin

Rue R. Descartes

Av. du Gal de Gaulle

Rue de Londres

Quai des Belges

Rue de Genève

Zurich

Rue du Mal-Juin

Rue de Rome

Rue de Boston

R.d Lausanne

Rue de Milan

Rue de Palerme

Rue du Jura

Quai

des

Alpes

N

0   500 m

5

Das Gerberviertel
La Petite France

TYPISCH

Straßburg ist eine Reise wert!

Bienvenu(e)! Das Kribbeln im Bauch ist noch immer da, wenn der Zug das kleine Kehl in Baden verlässt und über die Rheinbrücke rollt. Wie eine Verheißung rückt das Münster näher, und keine Pass- und Zollkontrollen stören mehr den ersten Eindruck von Frankreich.

Der Autor **Wolfgang Rössig** studierte Romanistik und Kunstgeschichte in München und Toulouse. Seine Ausflüge in die Münsterstadt enden in der Regel mit leichtsinnigen literarischen und kulinarischen Einkäufen. Bis heute hat er sich nicht wirklich mit der deftigen Spezialität *Choucroute garni* angefreundet, dafür umso mehr mit den Straßburger Traiteur-Delikatessen und dem kosmopolitischen Flair der eigentlich so kleinen Europastadt.

Als ich als Schüler auf Klassenfahrt nach Straßburg der ersten Begegnung mit Frankreich entgegenfieberte, war der Kontrast zwischen rechtem und linkem Rheinufer größer als heute. Doch die Überwindung der Grenzen in Europa kündigte sich bereits an. Stolz führte man uns damals durch das gerade fertiggestellte Palais d'Europe. Neben den neuen Glaspalästen des Europaviertels wirkt die Tagungsstätte des Europarats heute ein wenig wie ein antiquiertes Relikt der 1970er-Jahre. Dafür war damals die Europa-Euphorie noch etwas frischer. Dergleichen hätte man vom Studentenwohnheim, in dem man uns damals unterbrachte, kaum behaupten können. Vom Studium in Frankreich konnte mich das später nicht abhalten, allerdings nicht in Straßburg, vielleicht, weil es doch ein wenig zu nah der Heimat lag.

Unzählige Male bin ich seit dieser Zeit über diese Brücke gefahren, erwartungsvoll und aufgekratzt auf dem Hinweg, immer ein wenig wehmütig auf dem Weg zurück, weil Kehl dem frankophilen Schüler geradezu als Verkörperung deutscher Langweiligkeit erschien. Heute gehen hier sogar die Straßburger einkaufen, der günstigeren Preise wegen, und mit dem Jardin des Deux Rives wachsen französisches

Pause beim Altstadtbummel

Im Frühling hört man im Orangerie-Park die Störche klappern

vielen Stippvisiten sind geblieben, natürlich heute komfortabler gestaltet als zu Studentenzeiten, und auf den gemütlichen Bummeltouren gibt es stets Neues zu entdecken, ohne sich die Hacken ablaufen zu müssen. Denn der vielleicht größte Vorzug der Europastadt ist, dass sie so wunderbar kompakt ist, und Sehenswürdigkeiten von Weltrang oft nur wenige Meter voneinander entfernt liegen. Jede Jahreszeit hat ihre Reize: Im Sommer erstrahlt das Münster im magischen Licht bunter Scheinwerfer, im Winter sorgen die Weihnachtsmärkte für eine heimelige Atmosphäre mit französischem Touch. Im Frühjahr klappern die Störche in der Orangerie um die Wette, und die kleinen Winzerdörfer der Umgebung leuchten im Weiß und Rosa der Magnolien und Kirschbäume. Im Oktober locken Weinproben und Wanderungen in den nahen, herbstlich bunten Vogesen.

und deutsches Rheinufer immer enger zusammen.

Als Romanistikstudent gab es immer einen Grund, nach Straßburg zu fahren. Die beste Ausrede war stets, dass ich dort französische Büchern besorgen musste, für deren Bestellung deutsche Buchläden damals nicht nur Wochen benötigten, sondern auch Mondpreise verlangten. Immer reichte die Zeit für einen Bummel durch die Altstadt, eine leckere Apfeltarte, eine heiße Schokolade bei Christian, und mit etwas Glück ließ mir die Librairie Kléber noch etwas Geld übrig, um bei einem Traiteur in der Rue des Orfèvres Köstlichkeiten einzukaufen, mit dem sich in Deutschland das Frankreichgefühl um einige Tage verlängern ließ.

Lang waren sie also nie, die Straßburgbesuche, dafür übte das vom Rhein nur noch knapp zwei TGV-Stunden entfernte Paris einfach zu viel Anziehungskraft aus. Doch die

Heimelig wird es im Winter, wenn die Stadt sich festlich schmückt

Hier wird Politik gemacht – Rotunde des Europaparlaments

Wer nur einen Tag Zeit hat, beschränkt sich am besten auf die Altstadt. Vom Bahnhof aus – das Auto lässt man tunlichst stehen – läuft man in nur 15 Minuten zum Münster. Jetzt erst einmal innehalten, die »Harfe aus Stein« der filigranen Westfassade bewundern, den gotischen Figurenschmuck der Portale, das himmelhoch strebende, vom magischen Licht der Glasfenster erhellte Langhaus auf sich wirken lassen. An klaren Tagen wird es etwas anstrengender. Dann muss man einfach dem Vorbild Goethes folgen und die 323 Stufen hinauf zur Münsterplattform erklimmen, um den grandiosen Ausblick auf die Dächer der Altstadt zu genießen, in der Ferne eingerahmt von Vogesen und Schwarzwald.

Zeit für ein spätes flaumiges Croissant, eine Quiche oder einen Flammkuchen? Etwas Stärkung tut gut, denn in Rufweite des Münsters warten gleich mehrere hochkarätige Museen auf Ihren Besuch. Heben Sie sich den Palais Rohan vielleicht für einen grauen Tag auf und besuchen Sie erst einmal das Musée de l'Œuvre Notre-Dame mit seiner gotischen Kunst, sonst ist der Tag schon fast rum, und Sie wollen bestimmt noch an der Ill entlang bummeln oder nördlich des Münsters einen Spaziergang zwischen dem Klassizismus der Place de Broglie und der wilhelminischen Kaiserarchitektur rund um die Place de la République unternehmen.

Schon ist es früher Abend. Jetzt ist die Fachwerkidylle der Petite France am romantischsten, und der Blick von der Aussichtsterrasse des Barrage Vauban auf die Ponts Couverts und die festlich erstrahlende Altstadt einfach nicht zu toppen. Nun könnten Sie in einer der vielen Winstubs elsässisch schlemmen. Dann spazieren Sie zurück zum Münster und entdecken das Szeneviertel um die Place du Marché Gayot mit ihren vielen Bars. Vielleicht genießen Sie aber lieber einen Cocktail auf einem der umgebauten Péniches an den Ill-Kais, ebenfalls mit romantischem Ausblick, oder machen eine Kneipentour durch die studentischen Viertel Krutenau und Finkwiler? Das abendliche Kulturangebot ist jedenfalls riesig. Die Palette reicht von Aufführungen in der Rheinoper über elsässisches Kabarett in der Sauerkrautfabrik bis hin zu durchtanzten Nächten im musikalischen Schmelztiegel La Laiterie oder einem Star-Event im Le Zenith Europe. *Strasbourg vous attend!*

Reisebarometer

Straßburg fasziniert mit seiner Mischung aus Bodenständigkeit und kosmopolitischem Flair, mit einer der schönsten gotischen Kathedralen Europas, mit jeder Menge Fachwerkkolorit und kühnen modernen Bauwerken.

Beeindruckende Architektur
Mittelalter bis Avantgarde auf kleinem Raum

Grüne Oasen
Orangerie und Robertsau liegen nah am Stadtinneren.

Kultur- und Eventangebot
Oper, Kabarett und internationale Musik-Events

Museen und Besichtigungen
Tolle Kunstsammlungen, von mittelalterlich bis topmodern

Kulinarische Vielfalt
Elsässische Winstubs, Sternetempel und ethnische Küche

Spaß und Abwechslung für Kinder
Wissenschaftsmuseum, Störche und Bootfahren in der Orangerie, Vergnügungsparks in der Umgebung

Shoppingangebot
Elsässisches Kunsthandwerk, Delikatessen und Mode

Ausgehen
Straßburgs Nachtleben kann sich sehen lassen.

Ausflüge vor die Tore der Stadt
Elsässische Winzerdörfer, Wanderungen durch die Vogesen, Kunstgenuss in Colmar

Preis-Leistungs-Verhältnis
Straßburg ist etwas teurer als deutsche Städte.

● = gut   ●●●●● = übertrifft alle Erwartungen

50 Dinge, die Sie …

Hier wird entdeckt, probiert, gestaunt, Urlaubserinnerungen werden gesammelt und Fettnäpfe clever umgangen. Diese Tipps machen Lust auf mehr und lassen Sie die ganz typischen Seiten erleben. Viel Spaß dabei!

… erleben sollten

(1) Stadtradtour Eine schöne Route führt vom Palais de Justice am Kanal entlang zur Place de la République, weiter zum Parc du Contade, am Quai Mullenheim entlang ins Europaviertel und in die Orangerie. Über die Allée de la Robertsau und den Jardin Botanique gehts zurück ins Zentrum. Das Fahrrad gibts bei Vélhop › **S. 44**.

(2) Frankreichs größte Eislaufbahn Das Patinoire Iceberg verführt mit geradezu olympischen Ausmaßen dazu, sich auch mitten im Hochsommer die Schlittschuhe anzuziehen oder die Eisbahn mit Karts zu testen (Rue Pierre Nuss, Tel. 03 90 20 14 14, www.iceberg-strasbourg.fr).

(3) Kanufahrt Mit einem bei Strasbourg Eaux Vives › **S. 44** gemieteten Kanu (Ein- oder Zweisitzer) können Sie die romantischen Häuserfassaden im Gerberviertel von ihrer schönsten Seite entdecken oder Abstecher in das Europaviertel und zu den Hafenanlagen machen.

(4) In einem Wiegendruck blättern Bezahlen können Sie die 500 Jahre alten Inkunabeln vermutlich nicht, die in der Schatzkammer des kleinen, feinen Straßburger Antiquariat Ancienne Librairie Gangloff › **S. 42** ruhen, aber wenn Sie freundlich fragen, steht Ihnen ein bibliophiles Erlebnis bevor.

(5) Karussellfahrt auf der Place Gutenberg [C4] Ihre Kinder werden es lieben, das zauberhafte alte Karussell. Holzpferdchen, Auto oder Gondel?

(6) Hochkultur in der Rheinoper In der 18 m hohen, im Stil italienischer Opernsäle gestalteten Grande Salle der Opéra du Rhin › **S. 100** sorgt eine grandiosen Akustik für ungetrübten Kulturgenuss.

(7) Kino mit Stil Arthouse-Filme genießen Sie im 2012 renovierten üppig-prunkvollen neoklassizistischen Dekor des Filmpalasts L'Odyssée › **S. 47** und vom Café des Kinos aus sogar ohne Eintritt!

(8) Romantische Momente im Parc de l'Orangerie An Straßburgs schönsten Rosen schnuppern, ein Kuss im Temple de l'Amour, zu zweit auf dem idyllischen Teich rudern und beim Anblick klappernder Störche an die Konsequenzen denken › **S. 133**!

⑨ Salsa auf einem Boot tanzen
Auf der Péniche Barco Latino am Quai des Pêcheurs [E4] reist man am Wochenende in die Karibik: Salsa, Merengue und Reggaeton sorgen für heiße Nächte, toller Ausblick auf die Altstadt inklusive (Tel. 03 88 23 59 06, www.barcolatino.fr).

⑩ Einen Pâtisseriekurs im Hôtel Suisse › S. 31. Immer samstags können Sie beim weltberühmten Pâtissier Christophe Felder in vier Stunden (ab 69 Euro) lernen, wie man einen elsässischen Kougelhopf, die leckeren Weihnachtsplätzchen *Sablés de Noël* (Ausstecherle) oder feine Tartes zubereitet (www.christophe-felder.com).

… probieren sollten

⑪ Flammkueche Dünn ausgerollter Teig, belegt mit Zwiebeln, Speck und einer Creme aus Sauerrahm, das ist die klassische Version des Flammkuchens. Besonders gute *tartes flambées* serviert die Binchstub (6, rue du Tonnelet-Rouge, Tel. 03 88 13 47 73, www.binchstub.fr).

⑫ Kougelhopf Stein und Bein, schwören die Elsässer, dass der Gugelhupf in Ribeauvillé erfunden wurde. Den besten backt jedenfalls Fabien Fenech in der Krutenauer Boulangerie Douceurs de Saint-Guillaume [E4] (1, quai des Pêcheurs, Tel. 03 88 35 25 21).

⑬ Baeckeoffe Das Eintopfgericht aus Rind-, Schweine- und Lammfleisch wird in Weißwein und anschließend im Ofen in Tonterrinen gegart. Bei Le Baeckeoffe d'Alsace › S. 35 bekommt man es auch ohne Vorbestellung.

⑭ Choucroute garnie Der Klassiker jeder Winstub ist Sauerkraut mit Würsten. Mit satirischem Kabarett serviert wird das Gericht in La Choucrouterie › S. 46, einer ehemaligen Sauerkrautfabrik.

Nostalgie, die sich im Kreise dreht auf der Place Gutenberg

Das Münster als sommerliche Lichtskulptur

15 Presskopf »Am Schwein ist alles gut«, sagen die Elsässer und verarbeiten Kopf mit Rüssel, Schulter und Zunge zu Aspikwurst, die z. B. in der Winstub Zuem Strissel › **S. 38** ganz vorzüglich schmeckt.

16 Fleischkiechle Die elsässische Variante der Bulette, mit Rinder- und Schweinehack, Speck, Brot, Petersilie, Knoblauch, Ei und geschmolzenen Zwiebeln schmeckt in der Bierstube Ami Schutz › **S. 34** in der Petite France besonders gut.

17 Bibeleskaes Mit Kräutern (besonders Schnittlauch), Salz und Pfeffer zubereiteten Quark mag man im Elsass ebenso gern wie im benachbarten Baden. Dazu werden Kartoffeln, manchmal auch roher Schinken gereicht. Perfekt als leichte Mittagsmahlzeit auf der Terrasse der Maison Kammerzell › **S. 76**.

18 Waedele mit Spatzle Die kleine, in Pinot Noir geschmorte

Schweinshaxe schmeckt in der schönen Winstub Le Clou › **S. 38** besonders gut.

19 Lewerknepfle Die mit Schweineleber, Räucherspeck, gemahlenem Weißbrot, Eiern und Zwiebeln zubereiteten Klößchen macht die Brasserie de la Bourse [D5] ganz vorzüglich (1 Place de Lattre de Tassigny, Tel. 03 88 36 40 53, www.rdlb.fr)

20 Foie Gras Enten- und Gänseleberpasteten einmal frisch probieren, ob getrüffelt oder pur, gehört zum Ritual eines Straßburgbesuchs, natürlich bei Édouard Artzner › **S. 41**. Ein Glas Gewürztraminer passt bestens dazu.

21 Munster fermier Der sorgfältig per Hand auf den Almhöfen der Vogesen hergestellte, wirklich sehr streng riechende Käse ist nur eine Spezialität der Maison Lorho › **S. 80**.

… bestaunen sollten

22 Lichtspektakel In den Sommermonaten erstrahlt die grandiose Fassade des Münsters › **S. 66** ab 22 Uhr dank kreativ inszenierter Choreographie in magischen Regenbogenfarben.

23 Christ de Wissembourg Die um 1060 entstandene, im Musée de l'Œuvre Notre-Dame › **S. 74** zu sehende romanische Bleiglasscheibe mit der ältesten existierenden Schwarzlot-Bemalung fasziniert durch die Klarheit ihrer Linien und ihre ungemein intensive Ausstrahlung.

(24) **Ladenschild** Unter den vielen fotogenen Ladenschildern Straßburgs ist das des Antiquariats Bastian › S. 42 wohl das schönste. Es zeigt die Kathedrale mit Jakobinermütze.

(25) **Sturm auf dem See Genezareth** Das der berühmten Navicella von Giotto nachempfundene gotische Fresko (um 1320) in St-Pierre-le-Jeune (protest.) › S. 105 zeigt den auf dem Wasser wandelnden Jesus.

(26) **Straßburgs schönste Jugendstilfassade** Die nach Zeichnungen von Anton Seder von Léon Eichinger mit bunten Fliesen verzierte Fassade der École des Arts Décoratifs [E4] von 1892 in der Krutenau hat Künstler wie Jean Arp und Thierry Mugler inspiriert (1, rue de l'Académie, www.esad-stg.org).

(27) **Die Rotunde des Europäischen Parlaments** Der einer griechischen Agora nachempfundene Innenhof wird abends effektvoll beleuchtet › S. 133.

(28) **Die moderne Glashülle des Hauptbahnhofs** Nachts sorgt der durchschimmernde illuminierte wilhelminische Bau [B3] für eine reizvolle Komposition aus Alt-Deutsch und Neu-Französisch.

(29) **Die neue Fassade des Kaufhauses Printemps** Seit 2013 hüllt sich das Kaufhaus in ein kubistisch wirkendes Kleid aus Glas und Aluminium, das am frühen Abend besonders fotogen wirkt. Die tolle Aussicht vom Dachrestaurant › S. 94 ist natürlich geblieben.

(30) **Die Dame mit den Schwänen** Der vom Elsässer Charles Spindler geschaffene dreiteilige Paravent »Dame aux Cygnes« (1903) im Musée d'Art Moderne et Contemporaine › S. 94 gilt als Meisterwerk der Intarsienkunst.

… mit nach Hause nehmen sollten

(31) **Tischdecken von Beauvillé** Seit 1838 (die Tradition ist aber viel älter) stellt die Textilmanufaktur farbenfrohe Textilien mit floralem Dekor aus Baumwolle und Satin her. Besonders schöne Exemplare führt Nappes d'Alsace › S. 40.

(32) **Formen für Guglhupf und Baeckeoffe** Wer die hiesigen Spezialitäten zu Hause nachbacken möchte, findet bei Poterie d'Alsace › S. 40 das original-elsässische Geschirr dafür (Guglhupfform ab 12 €).

(33) **Bettwäsche aus Kelsch** Nur noch zwei Webereien, in Muttersholtz und in Sentheim, stellen die mit roten und/oder blauen Karos gemusterten naturfarbenen Leinenstoffe her: Elsässischer Landhausstil fürs heimische Schlafzimmer. Besonders schöne Stoffe führt Arts et Collections d'Alsace › S. 81 (Tischläufer ab 47 €).

34 Anges Patissiers Bäckerengel nennt man die traditionelle elsässische Christbaumdekoration: Engelchen, die Kuchen oder ein Backblech mit Plätzchen tragen. Eine große Auswahl gibt's bei Un Noël en Alsace › **S. 92**.

35 Weinspezialitäten Pinot Gris von André Ostertag und viele weitere elsässische Tropfen (auch Öko) finden Sie bei Terres à Vin, ganz in der Nähe der Place Gutenberg [D4] (1, rue du Miroir, Tel. 03 88 51 37 20, www.terresavin.com).

36 Kristallanhänger Die edle Glaskunst des französischen Designers René Lalique [D4] (1860–1945) wird im elsässischen Wingen-sur-Moder hergestellt. Kristallvasen kosten oft weit über 1000 Euro, ein zauberhafter Anhänger ist aber schon für 150 Euro zu haben (25, rue du Dôme, Tel. 03 88 75 55 52, www.cristallalique.fr).

37 Ansichtssache Stiche mit historischen Stadtansichten, aber auch moderne Lithographien des elsässischen Künstlers Emile Waydelich, führt die kleine, aber feine Galerie L'Estampe – Collections Lacan [D4] (31, quai des Bateliers, Tel. 03 88 36 84 11, www.collection-lacan.com).

38 Lederstiefel von Heschung Die im Elsass und in Ungarn hergestellten Schuhe (350–750 Euro) gelten als besonders hip [D4] (11, rue du Chaudron, Tel. 03 88 32 31 80, www.heschung.com).

39 Edelantik Alte Fayencen von Joseph Hannong und viele andere hochwertige elsässische Antiquitäten können Sie bei Antiquités Bastian › **S. 42** erstehen.

40 Eau de Vie Quetsch Elsässische Zwetschgenbrände und viele weitere hochwertige fruchtige Spirituosen führt Au Millésime [D4] (7, rue du Temple Neuf, Tel. 03 88 22 30 20, www.aumillesime.com).

… bleiben lassen sollten

41 Mit dem Auto in die Altstadt fahren Wenn Sie das komplizierte Einbahnstraßensystem nicht zur Verzweiflung bringt, dann die Parkplatznot und gnadenlose Ordnungshüter. Tipp: Das Parkhaus Centrum am Markt im deutschen Grenzort Kehl verlangt für 24 Stunden nur 3 €, und der Bahnhof liegt gleich nebenan.

42 Mit Europa-Abgeordneten konkurrieren Während der 12 viertägigen Plenartagungen des Europäischen Parlaments werden Sie spontan weder ein anständiges Hotelzimmer, noch einen Tisch in einem Gourmetrestaurant bekommen, also für diese Tage lange im voraus reservieren. Geben Sie auf www.europarl.europa.eu den Suchbegriff »Sitzungskalender« ein.

43 Auf Deutsch mit der Tür ins Haus fallen Wer sich nicht als engstirniger »Schwobb« oder arroganter »Preiss« disqualifizieren möchte, beginnt wirklich jedes Gespräch mit einem freundlichen »Bonjour!« und der Frage »Parlez-vous allemand?« Märssi villmols!

(44) Eine Weinstraßentour am Wochenende planen Besonders in den Ferienmonaten herrscht ein entnervender Ausflugsrummel. Unter der Woche haben die Winzer viel mehr Zeit für Sie.

(45) Chinesische Weihnachtsdeko auf dem Christkindelsmärik kaufen Ignorieren Sie den Tinnef auf dem Münsterplatz und der Place de Broglie. An den Ständen in der Petite France finden Sie viel eher Traditionelles aus dem Elsass.

(46) In den Lokalen rund um den Münsterplatz einkehren Bis auf wenige (im Führer genannte) Ausnahmen erwartet sie Folklorekitsch, musikalische Belästigung und bestenfalls mittelmäßiges überteuertes Essen. Übrigens zieht es auf der Place de la Cathédrale oft hundsgemein.

(47) Montag und Dienstag Museumsbesuche planen An diesen beiden Tagen (besonders aber am Montag) sind viele der besten Museen Straßburgs geschlossen. Auch die meisten Geschäfte öffnen erst am Montagnachmittag.

(48) Unter Storchennestern parken Am Boulevard du Président-Edwards und am Boulevard de l'Orangerie nisten über 50 Storchen-

Brütende Störche sind im Frühjahr ein ganz alltäglicher Anblick am Orangeriepark

paare in den Bäumen, und große Vögel sorgen nun mal für große Hinterlassenschaften.

(49) Am Nachmittag versuchen, Essen zu gehen Restaurants im Elsass haben fast alle eines gemeinsam: Sie haben zur Mittagszeit geöffnet – und dann erst wieder am Abend. Dazwischen ist nicht nur die Küche kalt, sondern das ganze Lokal bleibt geschlossen › S. 153.

(50) Spontanbesuch des Europäischen Parlaments Die Zuschauerplätze bei Plenarsitzungen sind oft schon monatelang im Voraus ausgebucht, Spontanbesucher haben daher wenig Chancen. Führungen außerhalb der Sitzungen gibt es nur für Gruppe, und auch hier gelten lange Reservierungsfristen › S. 133.

Was steckt dahinter?

Die kleinen Geheimnisse sind oftmals die spannendsten. Wir erzählen die Geschichten hinter den Kulissen und lüften für Sie den Vorhang.

Was misst ein »büchmesser«?

Immer wieder zwängen sich Touristen mit großem Hallo durch den schmalen Raum zwischen einer Säule und der Fassade des Hauses an der Ecke Münsterplatz und Rue Mercière. Schon seit dem Mittelalter ist sie als »büchmesser« (Bauchmesser) bekannt. Stadtführer halten dazu gleich mehrere Anekdoten parat. Die originellste? Im 16. Jahrhundert wurden Mitglieder des Stadtrats von den Bürgern oft allzu großzügig mit Leckereien versorgt, dies natürlich nicht ganz uneigennützig. Passte einer der hohen Herren nicht mehr durch den Spalt, galt das als Beweis, dass er zu viele »Spenden« angenommen hatte.

Grünes Licht für Jesus?

Zweimal im Jahr, in den Tagen rund um die Tag- und Nachtgleiche, illuminiert ein grüner Lichtkegel die gekreuzigte Jesusfigur an der Kanzel des Straßburger Münsters. Erst 1972 wurde der Effekt entdeckt. Ist der nur wenige Minuten sichtbare wandernde Lichtkegel, der inzwischen zum Publikumsmagneten avanciert ist, ein genialer Zeitmesser mittelalterlicher Baumeister? Die Spekulationen schießen ins Kraut. Schuld ist jedenfalls die Glasscheibe mit dem linken grüne Schuh von Juda, einem der zwölf jüdischen Stammväter, die auf dem südlichen Mosaikfenster zu sehen sind. Allerdings wurden diese Fenster erst Ende des 19. Jhs. eingesetzt, und eine durchsichtige grüne Scheibe erst zwischen 1950 und 1971. Möglicherweise also einfach Zufall, aber ein sehr stimmungsvoller.

Warum heißt Straßburgs idyllisches Fachwerkviertel »Petite France«?

Sehr französisch sieht es hier eigentlich nicht aus. Schuld ist ein längst verschwundenes Hospital, das die braven reichsdeutschen Bürger Straßburgs abfällig »Zum Französel« nannten, weil man hier vor 500 Jahren an Syphilis erkrankte Soldaten behandelte. Französische Landsknechte hatten sich die »Lustseuche« Syphilis erstmals bei der Belagerung von Neapel 1495 eingefangen. In Frankreich heißt die »Franzosenkrankheit« übrigens »Italienische« oder »Neapolitanische Krankheit« …

Was genau ist hier besonders französisch?

Blick über die Ill zum
Europaparlament

REISE-PLANUNG & ADRESSEN

Die Stadtviertel im Überblick

Fachwerkidylle und moderne Hightech-Architektur, kleinstädtische Beschaulichkeit und kosmopolitische Offenheit, Traditionsverbundenheit und Experimentierfreudigkeit u. a. in ökologischen Belangen – Straßburg steckt voller überraschender Kontraste.

Trotz ihres beeindruckenden baulichen Erbes ist die Stadt weit davon entfernt, einem Freilichtmuseum zu gleichen. Nicht nur Touristen erfüllen die historische Kulisse mit Leben, sondern auch der Tross der EU-Funktionäre, Studenten der renommierten Universität und die Straßburger selbst, die in der Innenstadt ihrer Arbeit nachgehen oder Besorgungen tätigen.

Straßburgs größter Publikumsmagnet ist die **Altstadt** auf der nur 1,5 km langen und fast 1 km breiten **Illinsel.** Von Kriegsschäden weitgehend verschont geblieben, hat sie ihren mittelalterlichen Charakter bewahrt. Wegen der Geschlossenheit der historischen Bebauung wurde das vom Münster überragte Ensemble zum UNESCO-Welterbe erklärt und für den Autoverkehr gesperrt. Fachwerkgesäumte Plätze, an Kunstwerken reiche Kirchen und hochkarätige Museen liegen nur Schritte voneinander entfernt. Doch nicht nur Kulturschätze gibt es zu entdecken: In den Einkaufsstraßen nordwestlich des Münsters locken Boutiquen, Designerläden und Feinkostgeschäfte. Sehen – und vor allem schmecken – lassen kann sich auch die Restaurantszene: Das Spektrum reicht von eleganten Gourmettempeln über rustikale Weinstuben bis zu Imbissen aus aller Herren Länder.

Die Fachwerkromantik der Altstadt kulminiert im Gerberviertel mit seinen von alten Brücken überspannten Ill-Kanälen. Beim Bummel durch die verwinkelten Gassen entdeckt man auf Schritt und Tritt lohnende Fotomotive, und auch die Einkehrmöglichkeiten sind vielfältig.

Daran gedacht?
....

Einfach abhaken und entspannt abreisen

- [ ] **Reisepass / Personalausweis**
- [ ] **Flug- / Bahntickets**
- [ ] **Zulassungsbescheinigung Teil 1**
- [ ] **Führerschein**
- [ ] **Kreditkarte einstecken**
- [ ] **Medikamente einpacken**
- [ ] **Ladegeräte**
- [ ] **Babysitter für Pflanzen und Tiere organisiert**
- [ ] **Zeitungsabo umleiten / abbestellen**
- [ ] **Postvertretung organisiert**
- [ ] **Mülleimer leeren**
- [ ] **Fenster zumachen**
- [ ] **Nicht den AB besprechen »Wir sind für zwei Wochen nicht da«**

Den nördlichen Teil der Illinsel nimmt das Französische Viertel ein, das sich zwischen Place Broglie und der modern gestalteten Place Kléber erstreckt. Als Straßburg im 17. Jh. unter französische Herrschaft kam, schmückte es sich mit Adelspalästen im Pariser Stil. Das Geschäftsleben der Stadt konzentriert sich hier, doch gibt es auch noch stille Ecken: Nur wenige Touristen verirren sich in den Kreuzgang von St-Pierre-le-Jeune (protestant) oder zum originellen Aquéduc de Janus.

Europa prägt die Stadt im Nordosten

Südöstlich der Altstadt erstreckt sich zwischen Univiertel und Städtischem Klinikum die **Krutenau,** ein auch bei Studenten und Künstlern beliebtes Wohnviertel kleiner Leute. Von Luxussanierungen nicht völlig verschont, hat es dennoch seinen eigenen Charakter bewahrt. Die historische Bebauung ist hier weniger geschlossen, weswegen die Einheimischen weitgehend unter sich geblieben sind. Es gibt hübsche Plätze mit guten, relativ preiswerten Restaurants und Kneipen, die Szenekenner als Geheimtipps handeln. Eine besondere Attraktion sind die zu Café-Bars umfunktionierten Flusskähne am Quai des Pêcheurs.

Gründerzeitliche Prachtbauten in verschiedenen historisierenden Stilen prägen das Bild im **Deutschen Viertel,** das die neuen preußischen Herren nach 1871 anlegen ließen. Im Rahmen dieser städtebaulichen Initiative entstanden auch größere Grünanlagen wie z. B. der Parc des Contades und der Botanische Garten der Universität. Eine Ironie der Geschichte will es, dass gerade im Deutschen Viertel heute ein Großteil der nach 1945 heimgekehrten bzw. neu eingewanderten Juden lebt. Ein engagierter Botschafter jüdischer Kultur im Elsass ist der Karikaturist Tomi Ungerer, dem an der Avenue de la Marseillaise ein sehenswertes Museum gewidmet ist.

Im Nordosten der Neustadt dehnt sich das **Europaviertel** aus – hier gibt sich Straßburg modern und kosmopolitisch. In den futuristischen Glaspalästen am Illufer wird das Europa der Zukunft gestaltet. Der Grundstein für Straßburgs Karriere als Europastadt wurde 1949 gelegt, als man die Stadt auf Vorschlag des britischen Außenministers Bevin hin zum Sitz des Europarats erhob. Einige Jahre später folgten Europaparlament und Europäischer Gerichtshof für Menschenrechte. Zu diesen Institutionen gesellten sich später noch die Europäische Wissenschaftsstiftung, der Kultursender ARTE und der Europäische Bürgerbeauftragte hinzu. So hat sich die umkämpfte Grenzstadt in den letzten Jahrzehnten zur Vermittlerin eines geeinten Europas entwickelt.

Klima & Reisezeit

Straßburg hat immer Saison. Das ganze Jahr über strömen die Touristen in die elsässische Hauptstadt, nur ganz schlechtes Wetter wirkt sich etwas dämpfend auf den immensen Andrang aus.

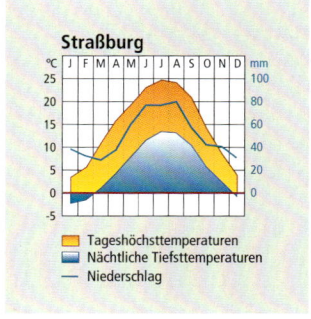

Früher als in vergleichbaren Regionen beginnt hier der Frühling: Schon ab Ende März fließt warme Mittelmeerluft durch die Burgundische Pforte ins Elsass und lässt in den Parks die Bäume erblühen. Im Sommer wird es eng in der Stadt. Dafür kommt bei den angenehmen 24–28 °C, die für die Zeit zwischen Juni und August typisch sind, richtige Openair-Stimmung auf. Da es gerade in diesen Monaten auch schwüle Tage mit heftigen Gewittern gibt, gehört der Regenschirm ins Gepäck.

Mitte September beginnt die Weinlese und das Laub verfärbt sich bunt – ideale Bedingungen für Touren entlang der Weinstraße und in die nahen Vogesen. Im November wird es feucht-kühl, aber endlich auch etwas ruhiger. Allerdings nur für kurze Zeit, denn im Dezember locken schon wieder die Weihnachtsmärkte, die vor der historischen Kulisse besonders stimmungsvoll geraten, und erfüllen die Stadt mit dem Duft von Glühwein und gebrannten Mandeln › **Special S. 103**.

Anreise

Mit dem Flugzeug

Der kleine Flughafen Straßburg-Entzheim (www.strasbourg.aeroport.fr) liegt etwa 10 km südwestlich vom Stadtzentrum. Er wird von München, Düsseldorf, Hamburg und Berlin sowie von Zürich und Wien angeflogen, derzeit allerdings nur per Umsteigeverbindung.

Über eine Fußgängerbrücke gelangt man direkt zum Bahnsteig, von dem viermal pro Stunde ein Pendelzug zum Hauptbahnhof fährt. Von dort hat man Anschluss an das öffentliche Bus- und Straßenbahnnetz (www.sncf. com, Fahrtdauer 9 Min., Kombi-Ticket für Zug, Busse und Straßenbahnen: 4 €). Eine Taxifahrt ins Stadtzentrum dauert etwa 20 Min. und kostet zwischen 28 € (tagsüber) und 35 € (Nachttarif).

Mit dem Zug

Von Stuttgart, München, Basel und Zürich bestehen TGV-Verbindungen nach Straßburg (Fahrtdauer 1 Std. 20 Min./3 Std. 40 Min./1 Std. 10 Min./2 Std. 5 Min., www.tgv.com). Weitere Direktverbindungen gibt es von Frankfurt/Main, Karlsruhe, Offenburg, Baden-Baden, Wien, Innsbruck, Salzburg und Bern (Tel. 08 92 35 35 35, www.sncf.fr, Callcenter der SNCF in Deutschland Tel. 01 80/5 21 82 38). Am Bahnhof gibt es einen Taxistand: Die Haltestelle der Tramlinien A und D liegt unter dem Bahnhofsvorplatz.

Mit dem Auto

Die Mehrzahl der Autofahrer erreicht Straßburg auf der A 5 über Karlsruhe bzw. Basel und die Europabrücke bei Kehl oder aus Richtung Basel über die Pierre-Pflimlin-Brücke bei Offenburg. Bei hohem Verkehrsaufkommen auf der A 5 ist die Anfahrt über die linksrheinischen Autobahnen A 65/A 35 eine Alternative. Von Saarbrücken führt die A 4/E 25 nach Straßburg.

Das Zentrum (Centre ville) mit Place Kléber, Münster (Cathédrale) und La Petite France ist ausgeschildert. Wer keine Parkmöglichkeit am Hotel hat, sollte den Wegweisern des Parkleitsystems mit dem »P«-Symbol folgen und den Wagen frühzeitig abstellen, beispielsweise in den Parkhäusern Petite France/Ste-Marguerite oder Austerlitz.

An den Linien der modernen Straßburger Niederflur-Tram liegen acht ausgeschilderte Park & Ride-Plätze, von denen aus man die Stadt leicht erreicht. Sie sind Mo–Sa von 7–20 Uhr kostenpflichtig (sonst gratis). Im Parkpreis (4,10 bzw. 4,60 €) ist das Tramticket hin und zurück für alle Autoinsassen enthalten. Wer außerhalb der oben genannten Zeiten auf den P+R-Plätzen gratis parkt, muss das reguläre Tramticket bezahlen (Infos zu sämtlichen Parkmöglichkeiten in Straßburg einschließlich Tarifen unter www.parcus.com).

Straßburg besitzt ein hervorragendes Straßenbahnnetz – das Auto kann stehen bleiben

Stadtverkehr

Tram und Bus

Die Verkehrsgesellschaft CTS unterhält Straßenbahnen und Busse. Fünf Linien der modernen Straßenbahn (A–D, F) kreuzen sich an der zentralen Place de l'Homme de Fer. Eine sechste Linie (E) verkehrt zwischen Robertsau und Baggersee (Plan › **Umschlag hinten**). Die Tram verkehrt tgl. von 4.30 bis 0.30 Uhr, zur Hauptverkehrszeit sogar alle 6 Min.

Die goldgrünen Busse (viele davon sind behindertengerecht bzw. Niederflurbusse) verkehren vom Zentrum aus sternförmig in die Außenbezirke. Zentrale Haltestellen sind Gare Centrale, Homme de Fer, Ancienne Synagoge/Les Halles und Gutenberg. Die Linie 10 fährt eine Schleife um die Altstadt, vorbei an Bahnhof, Universität und Place du Corbeau. Mit der Linie 6 gelangt man ins Europaviertel.

Zum Umsteigen berechtigende Einzelfahrscheine bekommt man für 1,60 € in CTS-Büros und an den Fahrscheinautomaten der Haltestellen. Die Automaten akzeptieren Münzen und Bankkarten. Carnets mit jeweils 10 Tickets (13,20 €) und das Tagesticket »24 h individuel« (24 Stunden unbegrenztes Fahren mit Bus und Tram für 4,30 €) gibt es zudem an vielen Tabakläden und Kiosken, beim Office de Tourisme und bei der Post. Strecken- und Fahrpläne hängen an den Haltestellen aus, den nützlichen Plan Bus-Tram bekommt man in den CTS-Büros.

Compagnie des Transports Strasbourgeois CTS [C3]
- Büro an der Station Homme de Fer | 56, rue du Jeu des Enfants
  Tel. 03 88 77 70 70 | www.cts-strasbourg.fr | Mo–Fr 8.30–18.30, Sa 9–17 Uhr

Taxi

Taxistände gibt es u. a. am Bahnhof, an der Place de la République, am Palais de l'Europe und an der Place de l'Hôpital. Das größte Unternehmen ist »Taxi 13« mit rund 230 Wagen (Tel. 03 88 36 13 13, www.taxi13.fr mit Preisangaben auch in deutscher Sprache).

Fahrrad

Straßburgs gut ausgebautes Radwegenetz umfasst auch einige als Fußgängerzone ausgewiesene Straßen in der für den Autoverkehr gesperrten Altstadt. Einen genauen Plan erhält man beim Verkehrsamt und in Buchläden. An drei Stellen in der Innenstadt kann man Räder leihen › **Special S. 44**. Außerhalb des Berufsverkehrs (Mo–Sa 7–9, 17–19 Uhr) dürfen Velos in der Straßenbahn mitgeführt werden (Zustieg über die hinterste Tür). An Werktagen muss ein Fahrschein für das Rad gelöst werden, am Wochenende darf man es gratis mitnehmen.

SPECIAL

Mit Kindern in der Stadt

Bei gutem Wetter

An warmen Tagen lädt der beliebte **Baggersee** mit flach abfallendem Sandstrand zum Baden ein. Im Südwesten von Straßburg gelegen, ist er Teil eines Naherholungsgebiets mit Wald und Wiesen. Es gibt Duschen und Sanitäranlagen, ein Bistro, Beachvolleyball u. v. m. Trotzdem ist der Eintritt gratis.

Zum Relaxen eignet sich auch der **Parc de l'Orangerie** › S. 133. Dort kann man rudern oder den Störchen beim Nisten zusehen. Ein Schienenbähnchen für die Kleinen und ein Skaterparcours sind die Hauptattraktionen des großen Spielplatzes. Zudem gibt es einen kleinen Zoo und einen Miniaturbauernhof. In der Innenstadt findet man auf der Place Louise Weiss in der Petite France und auf der Place des Orphelins in der Krutenau **Spielplätze.**

Spaß haben Kinder auch an einer **Bootsrundfahrt** oder **Kanutour** auf der Ill. Batorama bietet auch Rundfahrten speziell für Kinder an › **Special S. 43.**

Alternativ kann man das historische Zentrum mit der elektrischen **Minitram** erkunden.

Der Eventveranstalter **Il était une fois la ville** organisiert spannende Schnitzeljagden auf den Spuren der Vergangenheit eigens für kleinere Straßburg-Besucher – nach Voranmeldung auch auf Deutsch.

- **Lac du Baggersee**
  1 Rue de la Plage
  67400 Illkirch-Graffenstaden
  Tram A und E Station Baggersee.
- **Minitram** [D4]
  Ende April–Mitte Okt. tgl. alle 30 Min.,
  15. Okt–1. Nov. stdl., Dauer 40 Min.,
  Start am Münsterplatz.
  Infos bei CTS | Tel. 03 88 77 70 03
  www.cts-strasbourg.fr
- **Il était une fois la ville**
  6, place des Chèvres
  Tel. 03 88 31 05 25
  www.iletaitunefoislaville.com

An Regentagen

Museen wie das **Musée Alsacien** › S. 116, das **Zoologische Museum** › S. 125 oder das **Planetarium** › S. 125 sind auch für Kinder interessant.

Eigens für Kinder zwischen 3 und 15 Jahren konzipiert wurde das Wissenschaftsmuseum **Le Vaisseau** mit interaktiven Stationen und einem pädagogischen Garten. Die vier Themenbereiche sind »Die Welt und ich«, »Entdecke die Welt der Tiere«, »Selbermachen« und »Die Geheimnisse der Bilder«. Die Kleinen können hier z. B. in einen Kängurubeutel schlüpfen oder einen Ameisenhaufen von unten betrachten; auf die Großen wartet u. a. ein komplett ausgestattetes Fernsehstudio.

In Geispolsheim (ca. 15 km südwestlich) weiht das **Musée du Chocolat** in die Geheimnisse der Schokoladenherstellung ein. Der Indoorspielplatz **TubiTuba** gibt Gelegenheit zum Toben.

Bewegung kommt auch im Spaßbad **Nautiland** bei Haguenau (ca. 30 km nördlich) ins Geschehen: Auf kleine Besucher warten hier Riesenrutschen, Strömungsdüsen und Fontänen.

Im Meer- und Süßwasseraquarium **Les Naïades** bei Ottrott (ca. 38 km südwestlich) lassen sich Piranhas, Nilkrokodile, Haie, Muränen etc. beobachten.

- **Le Vaisseau** [G6]
  1 bis, rue Philippe Dollinger
  Tel. 03 88 44 65 65
  www.levaisseau.com
  Di–So 10–18 Uhr, Eintritt bis 17 Uhr
  Tram C Winston Churchill

- **Schokoladenmuseum**
  Rue du Pont du Péage
  67118 Geispolsheim
  Tel. 03 88 55 04 90
  www.musee-du-chocolat.com
  Di–Sa 9–18, So 14–18 Uhr; Tram A
  Baggersee, dann Bus Nr. 62 oder 66
  bis Pont du Péage

- **TubiTuba**
  8, rue du Fort
  67118 Geispolsheim
  Tel. 03 88 66 20 32
  www.tubi-tuba.fr
  Di, Do, Fr 16–19, Mi, Sa, So 10–19, in
  den Schulferien tgl. 10–19 Uhr

- **Nautiland**
  8, rue des Dominicains
  67500 Haguenau
  Tel. 03 88 90 56 56
  www.nautiland.net
  Mo–Fr 12–21, Sa 9–21, So/Fei 9–19
  Uhr

- **Les Naïades**
  30, rte de Klingenthal
  67530 Ottrott
  Tel. 03 88 95 90 32
  www.parclesnaiades.com
  tgl. 10–18.30, Okt.–Febr. Mo–Sa
  14–18, So 10–18 Uhr

Infos für Familien

In der Boutique Culture › S. 45 bekommt man den **Guide Jaune/ Édition Junior** mit Veranstaltungstipps für Kinder und Jugendliche, leider nur auf Französisch.

Im Office de Tourisme › S. 153 liegt der monatlich erscheinende Familienführer **Bibouille** aus (www. bibouille.net). Hier erhält man auch den **Straßburg-Pass Junior**, der Vergünstigungen und Gratisleistungen bietet.

Unterkunft

Von den weit über hundert Hotels der Stadt wurden hier diejenigen ausgewählt, die sich durch besonderen Komfort und ihre günstige Lage auszeichnen.

Ein ausführliches Hotelverzeichnis ist beim Office de Tourisme › S. 153 erhältlich. Hier sollte man sich in jedem Fall erkundigen, wann das Europäische Parlament seine Sitzungswochen in Straßburg hat, denn dann ist die Stadt rundum ausgebucht. Grundsätzlich ratsam ist eine Reservierung etwa vier Wochen vor der Anreise, da die Hotels vor allem am Wochenende stark frequentiert sind.

Unter den meist in der Peripherie gelegenen Kettenhotels sind wegen ihres guten Preis-Leistungs-Verhältnisses besonders die Häuser der Ibis-Gruppe zu empfehlen (www.ibishotel.com). Einen Überblick über freie Zimmer bietet die Website www.dispoweb.fr. Als zentrale Reservierungsstelle fungiert das Office de Tourisme, das unter der Tel. 03 90 41 15 60 oder online unter www.ot-strasbourg.com Buchungen entgegennimmt.

Die Zimmerpreise gelten jeweils für ein Doppelzimmer; das Frühstück ist fast immer extra zu bezahlen und schlägt mit 6–15 € zu Buche. Weil es oft nicht sehr einfallsreich ist, kann es reizvoller sein, einen Café Crème und ein frisches Croissant in der Bar an der nächsten Ecke zu bestellen.

Luxushotels

Hôtel Régent Contades Golden Tulip [E3] €€€

Klassizistisches Gebäude aus der Kaiserzeit im Deutschen Viertel mit prächtigem Treppenhaus und Frühstückssaal im Stil der Belle Époque. 47 exklusive Zimmer und Suiten.

- 8, av. de la Liberté
  Tel. 03 88 15 05 05
  www.regent-contades.com
  Tram C und E, F Gallia

Hôtel Sofitel [C3] €€€

Das moderne Haus mit Bar und Gartenterrasse zeichnet sich durch erstklassigen Service aus. Die Wände hinter den Komfortbetten zieren Auszüge aus den Straßburger Eiden › S. 52.

- 4, pl. St-Pierre-le-Jeune
  Tel. 03 88 15 49 00
  www.sofitel-strasbourg.com
  Tram A–D, F Homme de Fer

Reservieren! Zu Parlamentssitzungszeiten klopft man sonst vergeblich an

Die romantischsten Hotels

....

- **Hôtel Régent Petite France**
  [B4] €€€
  Im Gerberviertel direkt an der Ill
  gelegen, mit schöner Gartenterrasse. In den großzügigen Zimmern wird historische Bausubstanz stilsicher mit modernem
  Design kombiniert.
  5, rue des Moulins
  Tel. 03 88 76 43 43
  www.regent-petite-france.com
  Tram A und D, Grand'Rue
- **Hôtel Beaucour** [D5] €€€
  Verschachtelter Fachwerkkom-
  plex in der Krutenau mit 49 Zim-
  mern rund um einen ruhigen In-
  nenhof. Von den Zimmern zur
  Straße hin hat man einen schönen Blick auf das Münster.
  5, rue des Bouchers
  Tel. 03 88 76 72 00
  www.hotel-beaucour.com
  Tram A und D Porte de l'Hôpital
- **Hôtel Kleber** [C3] €–€€
  30 liebevoll in unterschiedlichen
  Farbklängen gestaltete Zimmer.
  29, pl. Kléber
  Tel. 03 88 32 09 53
  www.hotel-kleber.com
  Tram A–D, F Homme de Fer
- **Hôtel Au Cerf d'Or** [C5] €–€€
  Zu dem gemütlichen Hotel in der
  Krutenau gehört ein Restaurant
  mit guter elsässischer Küche.
  6, place de l'Hôpital
  Tel. 03 88 36 20 05
  www.cerf-dor.com
  Tram A und D Porte de l'Hôpital

La Résidence Jean-Sébastien Bach
[H3] €€€
Großzügige Studios und Apartments mit
privater Terrasse, nahe dem Parc de
l'Orangerie in einem der schönsten
Wohnviertel Straßburgs gelegen. Eigene
Parkgaragenstellplätze.
- 6, bd. Jean-Sébastien Bach
  Tel. 03 90 41 30 00
  www.lejsbach.net
  Tram E Droits de l'Homme

Les Haras [C5] €€€
Das im ehemaligen königlichen Gestüt
eingerichtete und 2013 eröffnete Hotel
setzt mit seinem modernen eleganten
Interieur ein neues Ausrufezeichen in
der Stadt.
- 23, rue des Glacières
  Tel. 03 90 20 50 00
  www.les-haras-hotel.com
  Tram A und D Grand'Rue

Gehobener Komfort

Hôtel Cardinal de Rohan [D4]
€€–€€€
Traditionshotel in einer Fußgängerzone
beim Münster. 36 schallisolierte Zimmer
im gediegenen Louis XV.-Stil.
- 17–19, rue du Maroquin
  Tel. 03 88 32 85 11
  www.hotel-rohan.com
  Tram A–D, F Homme de Fer

Hôtel Cathédrale [D4] €€–€€€
47 behagliche und schallisolierte
Zimmer, einige davon mit schönem Blick
auf das Münster. Ruhiger sind die Zimmer zum Innenhof.
- 12, pl. de la Cathédrale
  Tel. 03 88 22 12 12
  www.hotel-cathedrale.fr
  Tram A–D, F Homme de Fer

Hôtel du Dragon [C5] €€–€€€
Historisches Haus nahe den Illkais mit
modernen, in dezentem Grau-Weiß ge-
haltenen Zimmern. Wunderbare ruhige
Terrasse mit Lindenbaum. Eigener Parkplatz.
• 2, rue de l'Ecarlate
Tel. 03 88 35 79 80 | www.dragon.fr
Tram A und D Porte de l'Hôpital

Hôtel de l'Europe [C4] €€–€€€
Hinter der Fachwerkfassade verbergen
sich modern eingerichtete Zimmer, in
denen die original erhaltenen alten
Holzbalken und einzelne antike Stücke
historische Akzente setzen.
• 38, rue Fossé des Tanneurs (Ecke
Grand'Rue)
Tel. 03 88 32 17 88
www.hotel-europe.com
Tram A–D, F Homme de Fer

Maison Rouge [C4] €€
Hinter der markanten roten Fassade verbergen sich 140 mit edlen Dekostoffen
individuell gestaltete Zimmer. Die an der
Place Kléber beginnende Fußgängerzone ist nur Schritte entfernt.
• 4, rue des Francs-Bourgeois
Tel. 03 88 32 08 60
www.maison-rouge.com
Tram A–D, F Homme de Fer

Mittelklasse
EtC … Hôtel [C4] €€
Zentral und dennoch ruhig gelegen, 35
jüngst renovierte, modern eingerichtete
Zimmer, deren frische Farbgestaltung
sich an den vier Elementen orientiert.
• 7, rue de la Chaîne
Tel. 03 88 32 66 60
www.etc-hotel.com
Tram A und D Grand'Rue

Romantisch wohnen in historischer
Substanz im Hôtel Régent Petite France

Hôtel Gutenberg [C4] €€
Charmantes Hotel in einem Haus aus
dem 18. Jh. hinter der Place Gutenberg.
Teilweise stilechtes Mobiliar, fürstlich
viel Platz und französisches Flair.
• 31, rue des Serruriers
Tel. 03 88 32 17 15
www.hotel-gutenberg.com
Tram A und D Grand'Rue

Hôtel Hannong [C4] €€
Kleine, schallisolierte Zimmer nahe der
Petite France, der Einrichtungsstil mischt
Elsässisch-Traditionelles und Modernes
(man ist Hans Arp verbunden).
• 15, rue du 22 Novembre
Tel. 03 88 32 16 22
www.hotel-hannong.com
Tram A–D, F Homme de Fer

Hôtel Suisse [D4] €€
Charmantes kleines Hotel im Schatten
des Münsters. Angeschlossen ist eine
gemütliche Winstub, die im Sommer
auch auf der Terrasse serviert. **50 Dinge**
㉗ › S. 15.
• 2/4, rue de la Râpe
Tel. 03 88 35 22 11
www.hotel-suisse.com
Tram A und D Grand'Rue oder Porte
de l'Hôpital

Hôtel Villa d'Est [C2] €€
Familiär geführtes Haus mit gutem
Preis-Leistungs-Verhältnis.
- 12, rue Jacques Kablé
  Tel. 03 88 15 06 06
  www.hotel-villa-est.com
  Tram B, C und E, F République

Preiswerte Hotels

**Citôtel Couvent du
Franciscain** [C2] €€
Einfache, aber nette Zimmer in einem
ehemaligen Franziskanerhospiz, etwas
nordwestlich der Altstadt nahe dem Einkaufszentrum Les Halles gelegen.
- 18, rue du Faubourg de Pierre
  Tel. 03 88 32 93 93
  www.hotel-franciscain.com
  Tram A und D Les Halles

Hôtel la Cruche d'Or [D4] €€
Bei 14 kleinen und zweckmäßigen Zim-
mern bleibt die Atmosphäre familiär.
Frühstück gibt's in der kleinen Winstub.
- 4–6, rue des Tonneliers
  Tel. 03 88 32 11 23
  www.cruchedor.com
  Tram A und D Grand'Rue

Hôtel le Grillon [B3] €–€€
Eine Adresse nahe am Hauptbahnhof,
die junge Leute und Rucksackreisende
anzieht, nicht nur wegen der Wodka-Bar
»Perestroika«.
- 2, rue Thiergarten
  Tel. 03 88 32 71 88
  www.grillon.com
  Tram A und C, D Gare Centrale

Hôtel Pax [B4] €–€€
Freundlicher, größerer Familienbetrieb
mit Terrasse und elsässischem Restaurant. Parkgarage vis-à-vis.

- 24–26, rue du Faubourg National
  Tel. 03 88 32 14 54
  www.paxhotel.com
  Tram B und C Faubourg National

Hôtel de l'Ill [D4] €
Stets gut gebuchtes Hotel in der
Krutenau mit 26 Zimmern.
- 8, rue des Bateliers
  Tel. 03 88 36 20 01 | www.hotel-ill.fr
  Tram A und D Porte de l'Hôpital

Hotels in der Umgebung

Père Benoît €–€€
Bauernhaus aus dem 18. Jh. mit Fachwerkfassade und Holzbalkonen.
- 34, rte de Strasbourg
  67960 Strasbourg-Entzheim (nahe
  Flughafen) | Tel. 03 88 68 98 00
  www.hotel-perebenoit.com
  Tram A und E Baggersee

Eine Alternative zu den Stadthotels sind
die ländlichen Gästehäuser (Gîtes Ru-
raux) und privaten Gästezimmer (Cham-
bres d'Hôtes) in den nahe gelegenen
Dörfern. Informationen dazu: **Relais
Départemental des Gîtes de France
Alsace/Bas-Rhin**, Tel. 03 88 75 56 50,
www.gites-de-france-alsace.com.

Jugendherbergen

**Auberge de Jeunesse des
Deux Rives**
Moderner Gebäudekomplex im weit-
läufigen Parc du Rhin nahe der Europa-
brücke (Dez.–Febr. geschl.).
- Centre International de Rencontres
  Rue des Cavaliers
  Tel. 03 88 45 54 20
  www.hifrance.org/auberge-de-
  jeunesse/strasbourg--2-rives.html
  Buslinien 2 und 21

Essen & Trinken

Straßburg ist für Gourmets ein Schlaraffenland. Die Spitzengastronomie pflegt eine Küche, die Tradition mit Haute Cuisine verbindet. Bodenständiger und deftiger sind die elsässischen Gerichte, die auf der Speisekarte einer typischen Winstub stehen.

Ungebrochener Beliebtheit als Vorspeise erfreut sich *Foie gras,* eine Pastete aus Gänsestopfleber. Sämtliche Proteste von Tierschützern konnten daran bislang nichts ändern. Daneben gibt es *Tarte aux Oignons,* Zwiebelkuchen, und *Escargots,* Weinbergschnecken in Kräuterbutter. Ein Klassiker unter den Hauptgerichten ist *Choucroute,* in Weißwein geschmortes Sauerkraut mit Kasseler, Brühwürsten, geräuchertem Schweinebauch und Salzkartoffeln. Heutzutage wird Choucroute auch mit Ente oder Fisch kombiniert – was hervorragend harmoniert! Für den *Baeckeoffe* gibt man Schweine-, Rind- oder Lammfleischstücke mit Kartoffelscheiben und Zwiebeln in eine Terrine, gießt Wein darüber und lässt das Ganze anschließend mehrere Stunden im Ofen schmoren. Wegen der langen Zubereitungsdauer ist der Eintopf meist nur auf Vorbestellung zu haben. *Schiffala* ist geräucherte Schweineschulter, die ähnlich wie Kasseler zubereitet und mit Kartoffeln und Meerrettich serviert wird. Bei *Coq au Riesling* handelt es sich um in Riesling geschmortes Hähnchen. Flussfische bilden die Grundlage für *Matelote,* ein Traditionsgericht der Fischer. Aal, Zander und Hecht garen in einer säuerlich abgeschmeckten Sahnesoße. Aus dem Steinofen kommt die *Tarte flambée* (Flammkuchen): papierdünner Brotteig belegt mit Crème fraîche, Zwiebelringen und Speck. Wie bei Pizza gibt es für den Belag viele Variationen, sogar süße. Traditionell wird jeweils nur ein großer Flammkuchen auf einem Holzbrett serviert, den man aufteilt und mit den Fingern isst. Ist er aufgegessen, wird unaufgefordert der nächste aufgetragen – so lange, bis man abwinkt. Zwischen Hauptgericht und Dessert hat der *Munster* seinen anrüchigen Auftritt, ein sahniger Weichkäse mit orangefarbener Rinde, der auch gern mit Kümmel gegessen wird. Als krönender Abschluss werden *Tartes* mit unterschiedlichen Früchten und häufig auch *Kougelhopf* serviert, als Kuchen oder glacé, in seiner Eisvariante.

Elsässer Kougelhopf

Spitzenrestaurants

Au Crocodile [C3] €€€

Das mit einem Michelin-Stern ausgezeichnete Nobelrestaurant, das v. a. für seine Entenleberkreationen gerühmt wird, bietet günstigere Mittagsmenüs.

- 10, rue de l'Outre
  Tel. 03 88 32 13 02
  www.au-crocodile.com
  So/Mo geschl.

Buerehiesel [H2] €€€

In einem alten Fachwerkhaus im Parc de l'Orangerie serviert Eric Westermann, Sohn des Drei-Sterne-Kochs Antoine › S. 133, elsässische Speisen mit exotischen Anklängen.

- 4, parc de l'Orangerie
  Tel. 03 88 45 56 65
  www.buerehiesel.fr | So/Mo geschl.

Le Pont aux Chats [E4] €€

Stylisches Gourmetbistro im Ausgehviertel Krutenau. Küchenchef Valère Diochet erlernte sein Metier bei Antoine Westermann.

- 42, rue de la Krutenau
  Tel. 03 88 24 08 77

www.lepontauxchats.fr
Sa nur abends, So geschl.

Weinstuben

Die klassische Winstub mit holzgetäfelten Wänden und eng gestellten Tischen ist genau der richtige Platz, um einen gemütlichen Abend bei Wein und elsässischen Spezialitäten zu verbringen. Das Küchenangebot, meist eher bodenständig und deftig, kann in manchen Fällen mit dem gehobener Restaurants konkurrieren.

S'Munsterstuewel [D4] €€€

Raffiniert verfeinerte Traditionsgerichte, wie man sie so nah am Münster selten so gut bekommt. Schöne Terrasse.

- 8, pl. du Marché aux Cochons de Lait
  Tel. 03 88 32 17 63
  www.munsterstuewel.fr
  Fr–So geschl.

Ami Schutz [B4] €€

Gemütliche Bierstube im Gerberviertel mit ambitionierter Regionalküche. Im Sommer speist man romantisch auf der

Winstub »Le Gruber« in der Rue du Maroquin

von zwei Illlarmen umflossenen
Terrasse. **50 Dinge** ⑯ › S. 14.
- 1, Pont Couverts
  Tel. 03 88 32 76 98
  www.ami-schutz.com

**S'Burjerstuewel
(Chez Yvonne)** [D4] €€
Für Leute, die sehen und gesehen
werden wollen. Ausgezeichnete Küche –
der Linsensalat mit Speck ist köstlich –
in anheimelnd-rustikalem Flair.
- 10, rue du Sanglier
  Tel. 03 88 32 84 15
  www.chez-yvonne.net

Le Baeckeoffe d'Alsace [C4] €
Die Winstub im Viertel La Petite France
hat sich auf Baeckeoffe spezialisiert. Der
traditionelle Eintopf wird auch mit Ente
oder Fisch kombiniert. **50 Dinge** ⑬
› S. 13.
- 14, rue des Moulins
  Tel. 03 88 23 05 40
  www.baeckeoffe.com

Le Gruber [D4] €
Urige Winstub in Münsternähe. Viel von
Touristen frequentiert, dennoch gute
Qualität zu fairen Preisen.
- 11, rue du Maroquin
  Tel. 03 88 32 23 11
  www.legruber.com

Innovativ französisch
Brasserie Les Haras [B5] €€€
Marc Haeberlin, Starkoch der berühmten
Auberge de l'Ill, zeichnet für die moder-
ne französische Küche verantwortlich.
Erschwingliches Mittagsmenü.
- 23, rue des Glacières
  Tel. 03 88 24 00 00
  www.les-haras-brasserie.com
  So abend und Mo geschl.

Umami [C4] €€
Moderne französische Küche mit asiati-
schem Einschlag, die auf ungewöhnliche
Aromen setzt.
- 8, rue des Dentelles
  Tel. 03 88 32 80 53

SPECIAL

Elsässische Bierbrautradition

Schon seit dem Mittelalter werden am Kochersberg nordwestlich von Straßburg Gerste und Hopfen angebaut – was die elsässischen Bierbrauer daraus herstellen, braucht sich hinter den renommierten Weinen der Region nicht zu verstecken. Über die Hälfte des französischen Biers stammt aus dem Elsass; so findet auch in Straßburg-Wacken alle zwei Jahre (2015, 2017 …) eine internationale Biermesse statt. Mit der Bezeichnung »elsässisches Bier« sollte man es jedoch nicht mehr allzu genau nehmen. Schon 1972 übernahm Heineken die Kontrolle über einen Zusammenschluss elsässischer Brauereien, und 1996 wurde auch die Fischer-Brauerei an den holländischen Konzern verkauft. Selbst die 1664 gegründete Traditionsbrauerei Kronenbourg wurde 2000 eine Tochterfirma von Scottish & Newcastle und gehört seit deren Übernahme 2008 nun zur Carlsberg-Gruppe. So blieb im Elsass nur eine Brauerei unabhängig: Météor.

Alle drei Brauereien bieten Führungen mit Bierverkostung an.

- **Météor**
  6, rue du Général Lebocq
  67270 Hochfelden (ca. 35 km nordwestl.)
  Tel. 03 88 02 22 22
  www.brasserie-meteor.fr
  Juli–Aug. Mo–Do ab 14 Uhr, nur nach Voranmeldung, auch in Deutsch.
- **Heineken**
  4, rue St-Charles | 67300 Schiltigheim
  Tel. 03 88 19 57 55
  www.heinekenfrance.fr
  Ganzjährig Mo–Fr nach Voranmeldung, auf Anfrage auch in Deutsch. Anfahrt mit dem Regionalzug Station Gare Bischheim.
- **Kronenbourg**
  68, route d'Oberhausbergen
  67200 Strasbourg-Cronenbourg
  Tel. 03 88 27 41 59
  www.brasseries-kronenbourg.com
  Mo–Sa, Aug. und Dez. auch So, nach Voranmeldung auch Führungen in Deutsch. Anfahrt mit Tram A Haltestelle Ducs d'Alsace.

www.restaurant-umami.com
Mi, Do geschl.

Les Sales Gosses [D2] €–€€
Kulinarische Reise durch Frankreichs
Regionen, häufig wechselnde ambitio-
nierte Speisekarte.
• 56, boulevard Clémenceau
Tel. 03 88 25 55 44
www.restaurantlessalesgosses.com
Sa Mittag und So geschl.

Fischrestaurants
L'Alsace à Table [C4] €€
Frischer, im Ganzen gebratener Fisch
und köstlich zubereitete Meeresfrüchte.
Küchenchef Guy-Pierre Baumann ist der
Erfinder des legendären Sauerkrauts mit
Edelfischen.
• 8, rue des Francs-Bourgeois
Tel. 03 88 32 50 62
www.alsace-a-table.fr

La Cambuse [C4] €€
Den Schwerpunkt der kleinen Karte
bilden abwechslungsreiche Fischgerichte mit mediterranem und asiatischem
Touch. Dazu werden ausgezeichnete elsässische Weine serviert. Das holzgetä-
felte Ambiente erinnert an das Innere
einer Segeljacht.
• 1, rue des Dentelles
Tel. 03 88 22 10 22
So, Mo geschl.

Internationale Küche
Sidi-Bou-Said [C3] €€–€€€
Tunesisches Restaurant mit Couscous-
gerichten und Spezialitäten vom Holz-
kohlegrill, u. a. Lammkoteletts.
• 22, rue du Vieux Marché aux Vins
Tel. 03 88 22 17 17
Mo geschl.

Au Cèdre [E5] €€
Libanesisches Lokal in Universitätsnähe,
feine gemischte Vorspeisen *(mezzeh)*.
Am Wochenende Tanzvorführungen.
• 1, rue du Saint-Gothard
Tel. 03 88 25 14 69
www.au-cedre.com
Sa und So mittags geschl.

Le Penjab [D4] €€
Das indisch-pakistanische Lokal lockt
mit einer der besten exotischen Küchen
in Straßburg. Köstliche Desserts.
• 12, rue des Tonneliers
Tel. 03 88 32 36 37 | www.lepenjab.fr

Tapas Toro [B4] €€
Vorzügliche Tapas, dazu spanischer Wein
und deutsches Bier, und das fast rund
um die Uhr.
• 8, rue du Faubourg National
Tel. 03 88 32 19 39
www.tapas-strasbourg.fr

Flammkuchen und Crêpes
Crêp'Mili [D4] €
Original bretonische Crêpes und Galettes in einem Gewölbekeller gleich bei
der Kathedrale.
• 3, rue du Ciel | Tel. 03 88 36 56 88
www.crepmili.fr
Sa/So mittags geschl.

Flam's [D4] €
Diverse Flammkuchenvariationen, es
gibt auch ein Kindermenü. Bunte
fröhliche Ausstattung.
• 29, rue des Frères
Tel. 03 88 36 36 90 | www.flams.fr

La Bolée … de Cidre [C4] €
Hier hat man die Qual der Wahl unter
120 Crêpes und Galettes. Dazu wird in

Restaurants mit Flair

....

- **Au Petit Bois Vert** [B4] €€
  Im Sommer sitzt man idyllisch
  direkt am Ill-Kanal.
  3, quai de la Bruche
  Tel. 03 88 32 66 32
  www.aupetitboisvert.fr
- **Au Renard Prêchant** [E4] €€
  Regionalküche in einem ungewöhnlichen Ensemble aus spätgotischer Kapelle und Fachwerkhaus. Sa, So mittags geschl.
  34, rue de Zurich
  Tel. 03 88 35 62 87
  www.renard-prechant.com
- **Le Clou** [D4] €€
  Eine Weinstube wie aus dem Bilderbuch mit dunkler Holzvertäfe-
  lung und bleiverglasten Fenstern.
  50 Dinge ⑱ › S. 14. Mi mittags
  und So geschl.
  3, rue du Chaudron
  Tel. 03 88 32 11 67
  www.le-clou.com
- **Zuem Strissel** [D4] €€
  Urgemütliche Winstub – der
  Flammkuchen wird hier noch auf
  traditionelle Art zubereitet.
  50 Dinge ⑮ › S. 14.
  5, Place de la Grande Boucherie
  Tel. 03 88 32 14 73
  www.strissel.fr
- **Art Café** [B4] €€
  Lichtdurchflutetes Museumscafé.
  Panoramafenster und eine große
  Terrasse eröffnen einen zauberhaften Altstadtblick. Mo geschl.
  1, pl. Hans-Jean Arp
  Tel. 03 88 22 18 88

Bolées, bauchigen Schalen, Cidre ausge-
schenkt.
- 55, rue du Fossé des Tanneurs
  Tel. 03 88 75 99 75
  www.laboleedecidre.com
  So, Mo geschl.

La Plouzinette [D4] €
Feine Crêperie in einem roten Fachwerk-
haus an der studentisch geprägten
Place St-Etienne.
- 6, pl. St-Etienne
  Tel. 03 88 35 47 06
  www.laplouzinette.fr
  So und Mo mittags geschl.

Brasserien und Cafés

Café de l'Opéra [D3]
Das wohltuend schlichte Café in der
Oper ist Treffpunkt der Intellektuellen.
- 19, pl. Broglie
  www.cafedelopera.fr

Le Glacier Franchi [C4]
Auf der Mini-Terrasse genießt man die
Eisbecher besonders. Die Kugeln fallen
klein aus, aber die verlässlich gute Qualität macht den relativ hohen Preis
wahrlich wett.
- 5, rue des Francs-Bourgeois

Le Roi et son Fou [D4]
Brasserie-Café mit Pariser Flair, etwas
versteckt in der Nähe des Münsters gelegen. Mit ruhiger Terrasse.
- 37, rue du Vieil Hôpital

Patisserie Kretz [E4]
Liebenswert nostalgisch – neben feinem
Gebäck gibt es auch Schokoladenspezi-
alitäten und Marmeladen nach alten
Rezepten. Mo geschl.
- 16, quai des Pêcheurs

Elsässer Weine und Brände

Elsässer Wein wird mit Ausnahme einiger edler Tropfen nicht nach der Lage, sondern nach der Rebsorte etikettiert. Man trinkt ihn im Allgemeinen jung; Lagerzeiten von mehr als fünf Jahren sind die Ausnahme. Weißweine dominieren, charakteristisch für die Region sind Sylvaner, Pinot blanc (Weißburgunder), Riesling, Muscat d'Alsace (Muskateller), Pinot Gris (Grauburgunder) und Gewürztraminer. Einziger elsässischer Rotwein ist der Pinot noir (Spätburgunder), der von einigen Winzern auch als Rosé ausgebaut wird. Beim beliebten Edelzwicker handelt es sich um einen Verschnitt (Cuvée) aus verschiedenen Weißweinen.

Elsässer Wein schmeckt auch zu Hause

Die Bezeichnung A.O.C. (Appellation Originale Contrôlée) dürfen nur Weine tragen, die aus einer einzigen Rebsorte und nach genau festgelegten Qualitätskriterien produziert werden. Aus den besten Lagen stammen die Grands Crus – derzeit tragen etwa 50 elsässische Weine dieses Prädikat. Elsässer Qualitätsweine werden in Flûtes (Flöten) abgefüllt, schlanke grüne Flaschen, und traditionell aus Weingläsern mit schlankem grünen Stil getrunken – eine nette Idee für ein Mitbringsel.

Beim Crémant d'Alsace handelt es sich um einen nach Champagnermethode hergestellten, für seine Qualität erstaunlich preiswerten Schaumwein.

Die Bezeichnung Eau de vie tragen aus Obst (u. a. Kirsche, Himbeere, Birne. Zwetschge und Mirabelle) oder Trester destillierte Schnäpse – die letzteren werden auch Marc genannt und sind mit dem italienischen Grappa vergleichbar.

Wer sich intensiver mit dem elsässischen Weinbau beschäftigen möchte, kann in der Cave historique › S. 110 im Straßburger Stadtteil Krutenau an einer Führung teilnehmen; entlang der Weinstraße wurden u. a. in Marlenheim und Obernai › S. 140, 142 informative Lehrpfade angelegt.

Wissenwertes über Weine, prämierte Jahrgänge, Erzeugeradressen, Weinproben veranstaltende Winzer, Termine von Weinfesten u.v.m. findet man auf der Webseite www.vinsalsace.com.

Shopping

Straßburgs Einkaufsviertel erstreckt sich nordwestlich des Münsters etwa zwischen Rue des Orfèvres, Rue des Hallebardes und Rue des Grandes Arcades. Das Spektrum reicht von Designerboutiquen bis zu liebenswerten Tante-Emma-Läden.

In der Rue du Dôme und der abgehenden Rue des Frères unmittelbar hinter dem Münster finden sich Mode und Schmuck kleiner Labels, moderne Wohnaccessoires etc. ganz selbstverständlich neben Elsässisch-Traditionellem. Bunt und teils originell ist das Angebot auch in der Grand'Rue, wo viele Einwanderer Geschäfte und kleine Imbisse betreiben. Die großen Kaufhäuser wie **Printemps** und **Galéries Lafayette** sind um die Place Kléber › **S. 102** angesiedelt; das riesige Einkaufszentrum **Centre Halles** am Quai Kléber vereint auf zwei Geschossen etwa 120 Läden.

Souvenirs

Unzählige Stände mit elsässischen Trachtenpuppen und Plüschstörchen finden sich in der Altstadt.

Poterie d'Alsace ★1 [D4]

Alteingesessenes Geschäft für elsässische Keramik aus Soufflenheim (Blumendekor auf rostbraunem oder grünem Grund) und Betschdorf (graue Salzglasur mit blauer Bemalung): Krüge, Schneckenpfännchen, Gefäße für Butter und Senf u.Ä. **50 Dinge** (32) › **S. 15**. Die handwerklich gefertigten Töpferwaren sind absolut alltagstauglich, und zum großen Teil sogar für die Mikrowelle geeignet (Mo 14–19, Di–Sa 10–19 Uhr).

- 3, rue des Frères | Tel. 03 88 32 23 21
  www.poterie-alsace-strasbourg.eu

Keramik aus Soufflenheim

Nappes d'Alsace [D4]

Nicht gerade preiswerte, aber wunderschöne Tischdecken mit traditionellem Weinlaub-Muster. **50 Dinge** (31) › **S. 15.**

- 6, rue Mercière
  nappesdalsace.free.fr

La Boutique d'Elise [D4]

Souvenirs aller Art, von Plüschstörchen bis zu Postkarten mit Motiven elsässischer Künstler.

- 27, rue du Maroquin

Weitere Adressen › **Special S. 80/81**

Delikatessen

Edouard Artzner [C3]

Das seit 1844 bestehende Traditions-
geschäft ist die führende Adresse für
feine Enten- und Gänseleberpasteten.
50 Dinge ⑳ › S. 14.

• 7, rue de la Mésange
www.edouard-artzner.com

Kirn [C4]

Feinkosttempel mit Restaurant im ersten
Stock, die Metzgerei gehört zu den besten in Straßburg.

• 19, rue du 22 Novembre
www.kirn-traiteur.fr

Fromagerie des Tonneliers [D4]

Mehr als 200 Käsesorten – das angeschlossene Restaurant liegt vis-à-vis.

• 32, rue des Tonneliers
www.fromagerie-tourrette.com

Pâtisserie Buhler [D4]

Köstlicher Gugelhupf, sahnige Eclairs
und bunte, dekorierte Marzipantorten.

• 11 rue du Dôme

Alain Batt [C4]

Der Chocolatier bietet seine himmli-
schen Pralinenkreationen in edlen Ge-
schenkpackungen an.

• 4, rue des Francs-Bourgeois
www.alainbatt.com

Nicolas [D4]

Edle Tropfen und spritziger Champagner
füllen die deckenhohen Regale der
Weinhandlung. Tipps zur richtigen Lagerung gibt's gratis.

• 18–20, rue des Orfèvres
www.nicolas.com

Weitere Adressen › Special S. 80/81

! **Erst-
klassig**

Die schönsten Märkte in Straßburg

• **Wochenmärkte:** Auf diesen
Märkten kann man elsässische
Spezialitäten kosten oder sich
mit Originalzutaten eindecken.
Place Broglie [D3], Mi und Fr
8–17 Uhr; Krutenau, Place de
Zurich [E4], Mi 7–13 Uhr; Quar-
tier XV., Boulevard de la Marne
[G4], Di und Sa 8–13 Uhr.

• **Bauernmarkt (Marché des
Producteurs):** Landwirte aus der
Umgebung verkaufen knackfri-
sches Obst, Gemüse und köstlichen Käse aus den Vogesen.
Place du Vieux Marché aux Poissons [D4], Sa 7.30–13 Uhr.

• **Flohmarkt (Brocante):** Hier
findet man aufgemöbelte Vitrinen, schwere Karaffen, Sammel-
tassen und Raritäten ebenso wie
manchen Kleinkram und Nippes.
Rue du Vieil Hôpital und Place de
la Grande Boucherie [D4], Mi
und Sa 9–18 Uhr.

• **Bauern- und Kunsthand-
werkermarkt (Marché de la
Montagne et de l'Artisanat):**
Landwirtschaftliche Erzeugnisse
und handwerkliche Produkte von
Anbietern aus den nahen Voge-
sen. Place du Marché Neuf [D4],
Sa 7.30–16 Uhr.

• **Büchermarkt (Marché aux
livres):** › Special S. 80/81.

• Beim Office de Tourisme › S. 153
ist der detaillierte Faltplan »Mar-
chés de Strasbourg« erhältlich.

Literatur

Librairie Internationale Kléber [C4]
Die Abteilung »Alsatiques« führt deutsche und französische Bücher über die Region, u. a. Kochbücher und Bildbände.
- 1, rue des Francs-Bourgeois
  www.librairie-kleber.com

Ancienne Librairie Gangloff [D4]
Stöbern, schmökern, entdecken: Nur einen Steinwurf vom Münster entfernt liegt dieses vielseitige Traditionsantiquariat. **50 Dinge** ④ › S. 12.
- 20, pl. de la Cathédrale

Librairie Bildergarte [C4]
Comicfachgeschäft mit großer Auswahl an französischen und internationalen Bildergeschichten.
- 27, rue des Serruriers

La Bouquinette [D4]
Kinderliteratur auch in deutsch-französischen Ausgaben.
- 28, rue des Juifs

Antiquitäten

Antiquités Malbasa [D4]
Malerei des 17. und 18. Jhs., Expertisen.
- 42, rue des Hallebardes

Bastian [D4]
Adresse für Sammler (Möbel, Keramik, Porzellan). **50 Dinge** ㉔ › S. 15.
50 Dinge ㊴ › S.16.
- 22–24, pl. de la Cathédrale
  www.antiquites-bastian.com

Recto Verso [B4]
Umfangreiche Kollektionen historischer Postkarten, darunter viele mit Motiven aus dem Elsass.
- 3, pl. Henri Dunant

Mode und Luxusgüter

Französische und internationale Edelmarken finden sich in der Rue des Orfèvres, der Rue des Hallesbardes und der Rue du Vieux-Marché aux Poissons. Preiswertere Prêt-à-porter-Mode führen die Geschäfte in der Rue des Grandes Arcades, der Rue des Francs-Bourgeois und der Grand'Rue.

Hermance [D4]
Das Modegeschäft hat sich auf Halstücher und Schals spezialisiert, führt aber auch andere modische Accessoires wie Taschen und Gürtel sowie Prêt-à-porter-Mode für Damen.
- 33, rue des Hallebardes

Lancel [C4]
Hochwertige Ledertaschen von namhaften Designern und aus eigener Herstellung.
- 9, pl. Kléber | www.lancel.com

Eventails Olivia Oberlin [D4]
Dekorative Fächer in den unterschiedlichsten Stilrichtungen und Farben.
- 7, pl. du Marché Neuf
  www.olivia-oberlin.com

Princesse Tam-Tam [D4]
Freche Dessous und verführerische Nachtwäsche.
- 3, rue des Hallebardes
  www.princessetamtam.com

Orfèvrerie Deetjen
Exquisites Tafelsilber, das auch in der gehobenen Gastronomie gern verwendet wird.
- 1–3, rue Jean Monnet
  Schiltigheim

SPECIAL

Cityabenteuer für Aktive

Die elsässische Metropole ist nicht nur eine kulturelle Schatztruhe, sondern mit ihren lauschigen Parks und verträumten Wasserwegen auch ein reizvolles Freizeitrevier. Besucher haben vielfältige Möglichkeiten, allein oder unter fachkundiger Führung die Stadt zu erkunden › S. 153.

Bootsrundfahrten

Straßburg ist eine vom Wasser geprägte Stadt: Auf dem Rhein, der Ill und dem Rhein-Marne-Kanal werden (auch auf Deutsch kommentierte) Ausflüge und Entdeckungsfahrten per Boot angeboten. Auf der Fahrt rund um die Illinsel und in nördlicher Richtung zum Bassin de l'Ill erlebt man u. a. das historische Gerberviertel La Petite France, Schleusen, das Vauban-Wehr und die europäischen Institutionen aus sehr reizvoller Perspektive.

• **Batorama**
15, rue de Nantes | Tel. 03 88 84 13 13
www.batorama.fr
70-minütige Touren rund um die Altstadt April–Okt. 9.30–21 Uhr, in der Advents- und Weihnachtszeit 9.30 bis 17 Uhr alle 30 Min., sonst 10.30, 13, 14.30 und 16 Uhr, Nachtfahrten Mai bis Sept. 21.30 und 22 Uhr. Spezielle Audiokommentare für Kinder und Jugendliche, die mit der Unterstützung verschiedener Komödianten und Schauspieler entwickelt wurden. Dabei weiht Kapitän Hans Trapp und sein treuer Kamerad, der Papagei Coco, junge Passagiere in die Attraktionen Straßburgs ein (auch in Deutsch). In unregelmäßigen Abständen (Termine › Webseite) Weintouren mit Präsentation und Verkostung elsässischer Weine. Startpunkt aller Touren ist der Bootsanleger am Palais des Rohan › S. 82, dort auch Ticketverkauf.

Fahrradstadt Straßburg

Exkursionen per Rad

Straßburgs Stadtväter haben vergleichsweise früh damit begonnen, die elsässische Metropole in ein Radlerparadies zu verwandeln › S. 26. Radlern steht ein gut ausgebautes, ca. 400 km langes Netz markierter Wege zur Verfügung, das weiter ausgebaut wird.

Beim Office de Tourisme › S. 153 sind mehrere Broschüren zu Radwegen und Radtouren erhältlich. Tourenvorschläge (in Französisch) findet man auch unter www.cadr67.fr, Link »Cyclotourisme«.

Die Stadt unterhält drei Vélhop genannte Stationen, bei denen man Räder leihen kann. Man benötigt dazu einen Reisepass bzw. Personalausweis, zudem muss eine Kaution in Höhe von 150 € hinterlegt werden. **50 Dinge** ① › S. 12.

Vélhop-Stationen
- www.velhop.strasbourg.eu
- Gare de Strasbourg/
  Grande Verrière de la Gare [B3]
  Tel. 03 88 23 56 75
  Im Sommer Mo–Fr 8–19, Sa, So 9.30
  bis 12.30, 13.30–19 Uhr, im Winter Sa
  nur bis 17.30 Uhr, So geschl.

- 3, rue d'Or [D5] | Tel. 03 88 35 44 65
  geöffnet wie Vélhop-Station im
  Bahnhof
- 23, bd. de la Victoire [E4]
  Tel. 03 88 35 45 03
  Mo–Fr 10–17 Uhr
  Preise: Stunde 1 €, Tag 5 €,
  Woche 15 €

Kanutouren

Sportliche erkunden Straßburg eigenständig per Kajak oder Kanu. Profis erteilen einen Schnellkurs, ehe man sich auf die Ill begibt. Man kann auch Zweierkanus mieten. **50 Dinge** ③ › S. 12.

- **Strasbourg Eaux Vives**
  36, rue Pierre de Coubertin
  Tel. 03 88 31 49 00
  www.strasbourgeauxvives.org
  Der Sportverein bietet nach vorheriger
  telefonischer Anmeldung begleitete
  und unbegleitete Touren von 2–3 Std.
  ab 15 € pro Person.

Badefreuden

Wellnessfans werden von den **Bains Municipaux** begeistert sein: Das in einem denkmalgeschützten Jugendstilgebäude untergebrachte Stadtbad besitzt ein Römisches Dampfbad mit Marmorfußböden und patinabehafteten Kupferinstallationen. An den Kopfenden der beiden Schwimmbecken plätschern Brunnen mit allegorischen Figuren.

- **Bains Municipaux** [E4]
  10, blvd. de la Victoire
  Tel. 03 88 25 17 58
  Öffnungszeiten unter www.stras
  bourg.fr, dort unter »Sport«, »Piscines« und »Horaires«, Dampfbad
  14,40 €, Schwimmen 4 €.

Am Abend

Im Sommer ist Straßburg eine große Bühne. An der kleinen Place du Marché Gayot › S. 78 und in den Cafés und Bars der Rue des Frères wird so manche laue Nacht zum Tag. Studenten verleihen dem Nachtleben Farbe in der Krutenau und rund um die Place St-Etienne › S. 78.

Klassischen Musikgenuss auf höchstem Niveau bieten die renommierte Opéra du Rhin und das im Palais de la Musique auftretende Orchestre Philharmonique. In verschiedenen Kirchen der Stadt, u. a. im Münster und in St-Thomas, finden stimmungsvolle Orgelkonzerte statt.

Ob Blues, Rock oder Techno – für jeden Musikgeschmack finden sich passende Kneipen und Diskotheken; einige Nachtlokale haben bis 3 Uhr und länger geöffnet. Bekannte Rock- und Popbands treten im Parc des Expositions Wacken auf. Auch das Angebot für Cineasten ist groß, die meisten Lichtspielhäuser sind rund um die Place Kleber angesiedelt.

Oper und Konzert

Opéra du Rhin [D3]
Seit den 1970er-Jahren stellen Colmar, Mülhausen und Straßburg gemeinsam Opernproduktionen auf die Beine, die turnusmäßig in allen drei Städten aufgeführt werden. Auf dem Programm stehen auch Ballett- und Konzertabende.
50 Dinge ⑥ › S. 12. Saison Sept.–Juli; Kasse Mo–Fr 11–18, Sa 11–16 Uhr und eine Stunde vor Vorstellungsbeginn.
• 19, Place Broglie
Tel. 08 25 84 14 84
www.operanationaldurhin.eu

Orchestre Philharmonique [E1]
Das Orchester genießt ein nationales Renommee, das es regelmäßig auch bei Auftritten auf dem sommerlichen Festival International de Musique unter Beweis stellt (Kasse Mo–Fr 9–18 Uhr).
• Palais de la Musique et des Congrès
pl. de Bordeaux (Wacken)
Tel. 03 69 06 37 06
www.philharmonique-strasbourg.com

Cité de la Musique et de la Danse [D6]
Im Konservatorium finden Konzerte von Studenten und Profimusikern statt.
• 1, pl. Dauphine | Tel. 03 88 43 68 00
www.conservatoire-strasbourg.fr

Theater

Théâtre National de Strasbourg (TNS) [D3]
Einzige vom Staat subventionierte Provinzbühne Frankreichs. Zwei Säle im

SEITENBLICK

Tickets und Info

Karten für die meisten Veranstaltungen bekommt man in der **Boutique Culture** am Münsterplatz (10, pl. de la Cathédrale, Tel. 03 88 23 84 65, www.zenith-strasbourg.fr, Di–Sa 12–19 Uhr) oder bei **FNAC** an der Place Kléber (Tel. 03 88 52 21 21, www.fnac.com/strasbourg, Mo–Fr 10–19, Sa 9–19 Uhr).

Haus und zwei weitere in der Nähe, klassisches Theater und moderne Stücke, z.T. in Deutsch bzw. mit Untertiteln in deutscher Sprache.

- 1, av. de la Marseillaise
  Tel. 03 88 24 88 24 | www.tns.fr

Théâtre Jeune Public

Schauspiel, Figuren- und Musiktheater für Kinder und Jugendliche.

- 7, rue des Balayeurs [E4] (Grande Scène) | 1, rue du Pont St-Martin [C4] (Petite Scène) | Tel. 03 88 35 70 10 www.tjp-strasbourg.com

Le Maillon

Kleinkunst, Kabarett, Folkloretänze, Theater im Stil Shakespeares.

- Parc des Expositions
  pl. Adrien Zeller
  Tel. 03 88 27 61 81
  www.le-maillon.com

Das elsässische »Moulin Rouge«

Kirrwiller wäre ein ganz gewöhnliches Dorf ca. 30 km nordwestlich von Straßburg, gäbe es dort nicht eines der größten Revuetheater Frankreichs. Mit kaum mehr als ein paar Federn und Strass bekleidete Showgirls, Magier und das Dîner dansant locken Gäste in Scharen an. Das Programm wechselt jährlich. Show, Menü und Tanz sind im Eintrittspreis inbegriffen.

- **Royal Palace**
  20, rue de Hochfelden
  67330 Kirrwiller
  Tel. 03 88 70 71 81
  www.royal-palace.com

Théâtre Alsacien [D3]

Das 1898 gegründete, nicht nur bei älterem Publikum beliebte Dialekttheater zeigt vorwiegend mit derbem Humor gewürzte Lustspiele.

- 19, pl. Broglie | Tel. 08 25 84 14 84
  www.theatre-alsacien-strasbourg.fr

La Choucrouterie [C5]

In einer ehemaligen Sauerkrautfabrik wird satirisches Kabarett in Elsässer Mundart, Französisch und manchmal auch Deutsch aufgeführt. Das angeschlossene Restaurant serviert Sauerkraut-Spezialitäten (Tel. 03 88 36 52 87).
50 Dinge (14) › S. 13.

- 20, rue St-Louis | Tel. 03 88 36 07 28
  www.theatredelachouc.com

Bars und Kneipen

Le Gayot [D4]

Beliebte Weinbar; im Sommer kann man auf der Place du Marché Gayot sitzen.

- 18, rue des Frères | Tel. 03 88 36 31 88

Le Saxo [D4]

Sympathische Bar mit Bluesmusik und einer beeindruckenden Auswahl an bunten Cocktails.

- 8, rue des Frères | Tel. 03 88 24 10 96

Les Aviateurs [D4]

Wer in die mit Propellern und Flugzeugen dekorierte Bar américain möchte, muss am Eingang klingeln.

- 12, rue des Sœurs
  Tel. 03 88 36 52 69
  www.les-aviateurs.com

Académie de la Bière [B4]

Flammkuchen essen, dazu ein elsässisches Bier trinken und dann ab in die Kellerdisco.

• 17, rue Adolphe Seyboth
  Tel. 03 88 22 38 88

Jeannette et les Cycleux [C4]
Gesellige Weinbar mit origineller, dem
Mofa (franz. Cyclomoteur) gewidmeter
Dekoration.
• 30, rue des Tonneliers
  Tel. 03 88 23 02 71
  www.lenetdejeannette.com

Jimmy's Bar [D4]
Bei jungem Publikum beliebtes Lokal
mit Livemusik und DJ-Auftritten.
• 30, quai des Bateliers
  Tel. 03 88 37 34 08
  www.jimmysbar.fr

Le Living Room [E4]
In der Bar mit Kamin gibt es Livemusik.
Voll wird es ab 23 Uhr (geöffnet bis
4 Uhr morgens).
• 11, rue des Balayeurs
  Tel. 03 88 24 10 10

Les Brasseurs [D4]
Zünftiges Musiklokal mit Brauerei. Die
Bühne befindet sich im Keller.
• 22, rue des Veaux

La Salamandre [E4]
Konzerte, Ausstellungen, Kleinkunst, Cy-
bercafé; Sa ab 21 Uhr Tanz.
• 3, rue Paul Janet | Tel. 03 90 41 87 27
  www.lasalamandrestrasbourg.com

Diskotheken
La Laiterie [A5]
Angesagter Musiktempel, 1 km südlich
des Bahnhofs › **auch S. 114.**
• 11, rue du Hohwald
  Tel. 03 88 23 72 37
  www.artefact.org

Revuetheater Royal Palace in Kirrwiller

Le Rafiot [E4]
Party am Fluss auf einem ehemaligen
Schleppkahn mit renommierten DJs, und
das täglich › **auch S. 115.**
• Quai des Pêcheurs
  Tel. 06 80 47 68 19
  www.rafiot.net

Le Rétro [B3]
Disco zum Abtanzen für ein gemischtes
Publikum von 18–55 Jahren. Do–Sa.
• 24, pl. des Halles | Tel. 06 75 91 95 76
  www.leretro.com

Kinos
Pathé Vox [C4]
Supermodernes Kinozentrum mit fünf
Sälen, auf dem Programm stehen vor-
wiegend Blockbuster.
• 17, rue des Francs-Bourgeois
  Tel. 03 92 68 72 12

Odyssée [C4]
Das Programmkino zeigt Autorenfilme,
Themenreihen und Retrospektiven.
50 Dinge ⑦ › **S. 12.**
• 3, rue des Francs-Bourgeois
  Tel. 03 88 75 11 52

Die Place Kléber – hier gibt sich
Straßburg weltstädtisch

LAND & LEUTE

Steckbrief

- **Fläche:** 78 km²
- **Bevölkerung:**
  273 000 Einwohner,
  im Stadtverband
  leben 455 000 Einwohner
- **Bevölkerungsdichte:**
  3488 Einw./km²
- **Verwaltungseinheiten:**
  28 Kommunen
- **Amtssprache:** Französisch
- **Landesvorwahl:** 00 33
- **Währung:** Euro

- **Zeitzone:** MEZ

Geographie

Straßburg liegt in der Oberrheinischen Tiefebene am Flüsschen Ill. Die Flussarme und -kanäle umgeben die Altstadt, deren Zentrum auf der Insel zum UNESCO-Weltkulturerbe erklärt wurde. Nördlich schließt sich ein Viertel aus der deutschen Kaiserzeit im wilhelminischen Stil an. Östlich liegen die als Wohngegend beliebte Krutenau und die Universität. Straßburg ist längst bis zum Rhein gewachsen, dessen bedeutender Hafen über den Rhein-Rhône- und den Rhein-Marne-Kanal erreichbar ist. Die größten Vororte sind Schiltigheim im Norden und Illkirch im Süden.

Verwaltung

Straßburg ist die bedeutendste Stadt Ostfrankreichs, Hauptstadt des Département Bas-Rhin und der Region Alsace. An ihrer Spitze steht seit den Kommunalwahlen 2008 der (bis 2020 gewählte) Sozialist Roland Ries, der 1997–2001 das Amt des stellvertretenden Bürgermeisters bekleidet hatte.

Sprache

Französisch steht in Straßburg nicht nur als Verwaltungs-, sondern auch als Umgangssprache an erster Stelle. Die Chancen sich auf Deutsch zu verständigen sind dennoch erstaunlich gut, obwohl es vor allem für jüngere Elsässer inzwischen eine Fremdsprache ist. Das wie die deutsche Hochsprache im Verschwinden begriffene Elsässerditsch, ein alemannischer Dialekt, hat im Zuge der Dezentralisierung letzthin eine Aufwertung erfahren. Im Zentrum von Straßburg fallen inzwischen zweisprachige Schilder auf.

Umwelt und Verkehr

Schon länger als in anderen französischen Städten ist man in Straßburg bemüht, das innerstädtische Verkehrsaufkommen zu verringern. Einen wichtigen Schritt tat man 1995 mit der Wiedereinführung der 1960 stillgelegten Straßenbahn quer durch die Stadt und das historische Zentrum.

Auch für das Fahrrad machen sich die Verantwortlichen in der Stadtverwaltung stark: Den städtischen Angestellten stehen Dienstfahrräder zur Verfügung. Touristen können preisgünstig Räder mieten › S. 44. Einen weiteren Beitrag zu einer ökologischen Zukunft leistete die Anbindung an die TGV-Linie Stuttgart–Paris.

Wirtschaft

Straßburg geht es gut. Die Arbeitslosenquote ist vergleichsweise niedrig – dank der attraktiven Altstadt, der verkehrsgünstigen Grenzlage und nicht zuletzt der Europäischen Union. Fast drei Viertel der Beschäftigten sind im Dienstleistungssektor tätig, Straßburg ist zweitwichtigster Bankenstandort des Landes. Im 19. Jh. entwickelte sich die Stadt vom landwirtschaftlichen Zentrum zur Industriestadt. Die Nahrungs- und Genussmittelproduktion spielt weiterhin eine wichtige Rolle. In der näheren Umgebung von Straßburg sind große Brauereien angesiedelt › S. 36.

Neben der Erdöl- und Metallverarbeitung sind die Bauwirtschaft und die chemische Industrie wichtige Wirtschaftsfaktoren. Nicht zu unterschätzen ist weiterhin die Bedeutung des Hotelgewerbes und der Gastronomie.

Straßburg ist der drittgrößte Rheinhafen, und nach Paris der zweitgrößte französische Binnenhafen. Der Güterumschlag beträgt 10 Mio. t pro Jahr. Über den Rhein-Main-Donau-Kanal besteht eine Verbindung bis nach Südosteuropa.

Institutionen

Neben seiner renommierten Universität besitzt Straßburg bedeutende Schulen, darunter die Staatliche Schule für Dramatische Künste und die prestigeträchtige Verwaltungshochschule ENA, in der die Elite des Landes ausgebildet wird.

In Illkirch und Graffenstaden ist der Parc de l'Innovation mit Entwicklungszentren für neue Technologien entstanden. Schwerpunkte bilden hier u. a. die Kern- und Genforschung sowie der medizinische Bereich.

Bekannter als die nationalen sind die europäischen Institutionen: Straßburg ist Sitz des Europarates, des Europaparlaments und des Europäischen Gerichtshofs für Menschenrechte › S. 132.

Historischer Schnittpunkt zweier Sprachen: auf Hochdeutsch wäre das die Reibegasse

Geschichte im Überblick

12 v. Chr. Die Römer errichten am Schnittpunkt zweier Heeresstraßen das Militärlager Argentoratum. Schon 400 Jahre zuvor hatten sich an dieser Stelle Kelten niedergelassen.

3.–4. Jh. Nach fortdauernden alemannischen Überfällen geben die Römer das Lager auf.

451 Attilas Hunnen plündern und zerstören die alemannische Siedlung.

496 Der fränkische König Chlodwig vertreibt die Alemannen; das Christentum setzt sich allmählich durch.

Ab 6. Jh. Die fränkischen Bischöfe üben auch die weltliche Macht über die Stadt aus. Der Name »Strateburgum« (Burg an den Straßen) ist seit dem ausgehenden 6. Jh. überliefert.

842 Karl der Kahle und Ludwig der Deutsche kämpfen bei der Teilung des Karolingerreiches gemeinsam gegen ihren Bruder Lothar. Ihre Schwüre werden auch in den Umgangssprachen der Truppen, in Altfranzösisch und Althochdeutsch, schriftlich niedergelegt. Die Straßburger Eide sind das älteste überlieferte Zeugnis der altfranzösischen Sprache.

870 Straßburg wird mit dem Elsass dem Ostreich zugeschlagen und bleibt bis ins 17. Jh. Teil des späteren Römischen Reiches Deutscher Nation.

925 Das Elsass kommt zum Herzogtum Schwaben.

1015 Unter Bischof Wernher von Habsburg beginnt die Bautätigkeit am Münster.

13. Jh. Straßburg befreit sich vom bischöflichen Stadtregiment und wird zur Freien Reichsstadt unter dem Schutz des Kaisers.

1349 Valentinstag-Massaker an den Juden, die man für den Ausbruch der Pest verantwortlich macht. 2000 jüdische Bürger werden ermordet, die Überlebenden ausgewiesen. Bis zur Französischen Revolution bleibt es Juden bei Todesstrafe untersagt, sich nach 22 Uhr innerhalb der Stadtmauern aufzuhalten.

14./15. Jh. Die Dominikaner Meister Eckhart und Johannes Tauler machen Straßburg zu einem Zentrum der Mystik. Der Theologe Thomas Murner und der Prediger Geiler von Kaysersberg verbreiten das Gedankengut des Humanismus. Die Stadt hat ca. 20 000 Einwohner.

1440 Johannes Gutenberg stellt in Straßburg seine erste Druckerpresse fertig.

16. Jh. Im Zuge der Reformation wird das Münster 1529 protestantisch. Jakob Sturm gründet 1538 ein reformiertes Gymnasium, das später Teil der Universität wird.

1681 Louis XIV. besetzt Straßburg und beschränkt die Rechte der Reichsstadt. Als Grenzstadt erhält sie neue, von Vauban geplante Befestigungsanlagen. Das Münster wird katholisch.

18. Jh. Die Familie Rohan stellt in diesem Jahrhundert fast alle Bischöfe. Der französische Einfluss nimmt zu.

1770 Die Universität genießt einen internationalen Ruf, der auch Goethe anzieht.

1789 Die Französische Revolution wird euphorisch aufgenommen. Claude-Joseph Rouget de Lisle komponiert mit dem Kampflied für die Rheinarmee die spätere Marseillaise. Als »Tempel der Vernunft« entgeht das Münster weitgehend den Zerstörungen. Straßburg wird Präfektur des Département Bas-Rhin.

1870/71 Im Deutsch-Französischen Krieg erobern die Preußen Straßburg, das zur Hauptstadt des neuen Reichslandes Elsass-Lothringen wird.

1918 Im Vertrag von Versailles wird Straßburg wieder Frankreich zugeschlagen.

1940–1944 Die Wehrmacht marschiert ein. Unter den Nationalsozialisten erleben die Bürger schwere Jahre.

1944 Französische Truppen unter Général Leclerc befreien die Stadt.

1945 De Gaulle gründet die École Nationale d'Administration (ENA), die traditionell die Elite der französischen Verwaltungsbeamten ausbildet.

1949 Der Europarat bezieht seinen Sitz an der Ill.

1958/59 Das Europäische Parlament tagt erstmals in Straßburg. Ein Jahr später wird der Europäische Gerichtshof für Menschenrechte eingerichtet.

Der gründerzeitliche Prachtbau des Lycée International am Illufer

1992 Der europäische Gipfel in Edinburgh beschließt, Straßburg zum offiziellen Hauptsitz des Europäischen Parlamentes zu machen.

1999 Einweihung des neuen Plenarsaals des Europaparlaments (IPE IV).

2004 Straßburg richtet gemeinsam mit Kehl eine grenzübergreifende Landesgartenschau aus.

2007 Der Hochgeschwindigkeitszug TGV verbindet erstmals Straßburg mit Paris.

2008 Der Sozialist Roland Ries wird Oberbürgermeister (2014 wiedergewählt).

2010 Am Rhein entsteht ein modernes Ökoviertel mit Niedrigenergie- und Solarhäusern.

2011 Mit dem Ausbau des TGV Rhin-Rhône verkürzt sich die Fahrtzeit von Straßburg nach Lyon auf 3 Stunden 40 Minuten.

2013 Baubeginn an der Verlängerung der Straßburger Tramlinie D über den Rhein nach Kehl.

2015 Das Straßburger Münster feiert 1000-jähriges Bestehen.

Die Menschen

Über Jahrhunderte hinweg zwischen zwei Nationen und zwei Sprachen hin- und hergerissen zu sein, hat die Elsässer in ihrem kulturellen Bewusstsein geprägt. Heute fühlen sie sich ganz selbstverständlich als ein Teil Frankreichs.

Nur allzu oft war es der Region unmöglich, ihre von Außenstehenden jeweils als französisch bzw. deutsch empfundenen Wesenszüge als ureigen elsässisch auszuleben. Wechselnde Fremdherrschaften forderten stets neue Anpassungsleistungen: 1871 wurde das Elsass zum deutschen Reichsland gemacht, nach dem Ersten Weltkrieg wieder Frankreich zugeschlagen, 1940 von den Nazis besetzt und 1944 erneut befreit. Dabei wollte die Masse der Elsässer selbst eigentlich keinem angehören, weder dem deutschen Kaiserreich, noch der Dritten Republik, und schon gar nicht dem nationalsozialistischen Deutschland, das so weit ging, Elsässer in die deutsche Wehrmacht zu zwingen. Denn eines hatte bittere Erfahrung gelehrt: Welche Obrigkeit auch gerade das Sagen hatte – ihre Haltung war stets die gleiche. Die neuen Untertanen mussten von der barbarischen Kultur der anderen Nation befreit und von den Segnungen der eigenen überzeugt werden – notfalls mit Zwang.

Der Schriftsteller Ernest Renan wollte die persönlichen und politischen Konflikte im 19. Jh. mit folgender Formel lösen: »La nation, c'est un plébiscite de tous les jours« – die Nationszugehörigkeit sei als tägliche Willensentscheidung zu bekunden. Gäbe es heute tatsächlich eine Umfrage, würden zweifelsohne die meisten Straßburger Frankreich als Heimatland wählen. Daran ändern auch ihre Bestrebungen nichts, für die Region Alsace größere Unabhängigkeit von Paris zu erlangen.

Zunehmend etabliert sich jedoch eine Haltung, die mit der Frage der nationalen Identität eher pragmatisch umgeht. Die schwierigen Erfahrungen als Grenzland haben zur Entstehung eines außerordentlichen Kapitals an Weltoffenheit und an internationaler bzw. europäischer Kompetenz in Politik und Verwaltung, in Industrie und Handel, in Kultur und Wissenschaft geführt. Mit Deutschland und der Schweiz hat das Elsass gleich zwei deutschsprachige Nachbarn, und im Europa der offenen Grenzen und der Arbeitsmobilität sind doppelte kulturelle Wurzeln und Zweisprachigkeit eher förderlich.

Den heutigen Elsässer hat Tomi Ungerer augenzwinkernd, aber recht zutreffend karikiert: »Beim Elsässer ist, ganz darwinistisch, ein Arm länger als der andere. Der lange Arm ist nützlich, um die deutsche Kuh überm Rhein zu melken oder die französische hinter der blauen Linie der Vogesen. Aber nicht nur zum Melken, sondern auch, um sich die Hand zu geben.«

Kunst & Kultur

Durch ihre Lage an bedeutenden Verkehrswegen, im Grenzgebiet verschiedener politischer Machtsphären gelangten die unterschiedlichsten kulturellen Einflüsse in die Stadt. Vor allem im Zeitalter des Humanismus und der Reformation war Straßburg ein künstlerisches und geistiges Zentrum mit weitreichender Ausstrahlung.

Frühgeschichte und Antike

Das Elsass wurde bereits in vorgeschichtlicher Zeit besiedelt. Zu den seltenen Relikten aus dieser Zeit zählt die Heidenmauer (Mur Païen), die das Gipfelplateau des Mont Ste-Odile umzieht › S. 143.

58 v. Chr. eroberte Caesar das Gebiet; unter Kaiser Augustus erfolgte 12 v. Chr. die Gründung Straßburgs als Argentoratum. Archäologische Überreste aus dieser Zeit sind rar, doch ist das typisch römische rechtwinklige Straßenraster im Plan der Altstadt noch ablesbar. An der Stelle der heutigen Rue du Dôme und Rue des Hallebardes/Rue des Juifs verliefen einst der Cardo und der Decumanus (Hauptachsen in Nord-Süd- bzw. West-Ost-Richtung). Sie kreuzten sich am heutigen Münsterplatz, schon damals Zentrum der Stadt mit Marktplatz und Tempel.

Romanik

Der aufblühenden Klosterkultur der Romanik verdankt das Elsass seine schönsten Architekturdenkmäler. Von der Blüte der romanischen Baukunst in der Stauferzeit zeigt die Kirche St-Pierre-et-Paul in Rosheim › S. 141. Der bedeutendste Bau dieser Epoche in Straßburg ist das Münster. 1015 begann Bischof Wernher von Habsburg mit der Errichtung einer gewaltigen Basilika, die im 12. Jh. nach schweren Bränden im Stil der frühen burgundischen Romanik neu geplant wurde. Es gelangten jedoch nur Chor und Vierung zur Ausführung, dann setzte sich die aus dem benachbarten Frankreich stammende Gotik mit Verspätung auch am Rhein durch. In die Frühzeit romanischer Architektur geht der schlichte Kreuzgang von St-Pierre-le-Jeune (protestant) zurück.

St-Pierre-et-Paul in Rosheim

Auf das späte 12. Jh. gehen einige Glasmalereien zurück, die heute im Museum der Dombauhütte › S. 74 zu bewundern sind. Zu den bedeutendsten dieser Scheiben zählen die älteren Kaiserfenster aus dem Münster. Von der jüngeren Forschung inzwischen ebenfalls auf das späte 12. statt auf das 11. Jh. datiert wird der berühmte Christuskopf aus der Abteikirche von Weißenburg.

Unter den literarischen Werken der Epoche ragt das Versepos »Tristan und Isolde« hervor, das Gottfried von Straßburg um 1210 vermutlich in dieser Stadt dichtete.

Gotik

Im Hochmittelalter ging mit dem Aufschwung von Handel und Gewerbe ein epochaler gesellschaftlicher Wandel einher: Das städtische Bürgertum erstarkte und erstritt sich Rechte, so auch in Straßburg. 1262 konnte die Stadt die Herrschaft des Bischofs entscheidend beschränken, 1286 übernahm sie die Bauleitung für das Münster, das Hauptwerk der elsässischen Gotik › S. 66. Wohl in den gotischen Hochburgen Chartres und Sens geschulte Meister errichteten 1225 den südlichen Querhausarm und das Langhaus des Münsters. Die Gesamtkonzeption der Westfassade mit der riesigen Fensterrose geht im Wesentlichen auf Erwin von Steinbach aus Baden zurück. Bis ins 15. Jh. wurde an der himmelstrebenden, lichtdurchfluteten Kathedrale gearbeitet. Große spitzbogige Maßwerkfenster durchbrechen die Wände, die – als architektonische Entwicklung gotischer Architektur gegenüber der vorangegangenen Romanik – das Gewicht der Gewölbe nicht mehr tragen mussten. Diese Aufgabe übernahmen nun Kreuzrippen, Strebepfeiler und die Strebebögen am Außenbau.

Auch die zweitgrößte Kirche der Stadt, St-Thomas › S. 89, verdankt der gotischen Epoche ihr heutiges Erscheinungsbild. Sie wurde im frühen 14. Jh. zu einer fünfschiffigen Hallenkirche umgebaut, der ältesten dieses Typs im gesamten Elsass.

Auf den großen Baustellen der Gotik fanden auch Bildhauer Arbeit. Vor allem die Portale wurden nun genutzt, um die Gläubigen auf das Weltgericht vorzubereiten und ihnen Vorbilder für ein christliches Leben an die Hand zu geben. Im 13. Jh. wurde das romanische Südportal des Münsters mit gotischen Skulpturen bestückt. Das linke Bogenfeld zeigt eine Darstellung des Marientods. Der Handwerker hat den Schmerz der Personen mehr in ihren verhaltenen Bewegungen als in den Gesichtern sichtbar gemacht, meisterlich nutzt er auch den Faltenwurf der Gewänder, um Stimmungen auszudrücken. Die Gewandfalten von Ecclesia und Synagoge lassen die Konturen der Leiber durchschimmern, der Körper erfährt in der Kunst deutlich mehr Aufmerksamkeit als zuvor. Die Originale der Münsterskulpturen werden heute aus restauratorischen Gründen im Museum der Bauhütte › S. 74 aufbewahrt.

Büro des Hüttenmeisters im Musée de l'Œuvre Notre-Dame

Die Münsterbauhütte

Jahrhundertelang war das Münster eine Großbaustelle. Auf schlammigen Wegen karrte man Sandstein, Holz und anderes Baumaterial heran, Gerüste wurden errichtet, Steinmetze meißelten mühsam die Blöcke, welche die Maurer Stück für Stück setzten. Handwerker unterschiedlichster Branchen, die alle am Münster arbeiteten, hatten sich zu einer Bauhütte genannten Vereinigung zusammengeschlossen. Dieser straff organisierte Werkstattverband ermöglichte es unter anderem den Steinmetzen, während der Wintermonate auf Vorrat zu arbeiten. Die Bauhütte stellte sicher, dass die Durchführung des ehrgeizigen Projekts in geordneten Bahnen verlief. Sie kümmerte sich um die Einhaltung der Vorschriften, die Ausbildung, die Entlohnung der Mitglieder und ihren Umgang untereinander und regelte das Verhältnis zu anderen Bauhütten.

Der Vereinigung stand ein Hüttenmeister vor, der für Entwurf und Ausführung des Baus zuständig war. Er führte das Bauhüttenbuch, das eigene Entwürfe, Kopien anderer und Zeichnungen einzelner Details enthielt. In erster Linie war es wohl als Muster für die Ausbildung der Steinmetzen gedacht. Solche Bücher mit mittelalterlichen Architekturplänen sind nur spärlich erhalten – u. a. vermutlich deswegen, weil die Bauhütten ihr kostbares Wissen streng geheim hielten und nur in mündlicher Unterweisung weitergaben. Baurisse wie die im Musée de l'Œuvre Notre-Dame › S. 74 aufbewahrten stellen daher kulturhistorische Kostbarkeiten von unermesslichem Wert dar.

Nachdem Straßburg 1332 freie Reichsstadt geworden war, kümmerte sich der Magistrat um den Münsterbau. Gleich neben der Baustelle, im heutigen Musée de l'Œuvre Notre-Dame, hatte das »Werk unserer Lieben Frau« seinen Sitz. Diese Institution kümmert sich bis heute gemeinsam mit der regionalen Denkmalschutzbehörde um den Erhalt der Kathedrale. Sie nimmt zudem die Funktion eines Vermögensverwalters wahr und sorgt für die ordnungsgemäße Vergabe von Geldern aus Stiftungen und Schenkungen.

Auch die Glasmalerei gelangt in der Gotik zu hoher Blüte – einige herausragende Beispiele blieben erhalten. Das Münster besitzt, auch in Frankreich eine Seltenheit, noch große Teile seiner Verglasung aus dem 13. und 14. Jh. Um die Mitte des 15. Jhs. betrieb Peter Hemmel von Andlau in Straßburg eine große Glasfensterwerkstatt. Er führte Arbeiten für das Münster, aber auch für viele andere Kirchen im süddeutschen Raum aus. Einige seiner Werke sind heute in der Kirche St-Guillaume › S. 112 und im Museum der Münsterbauhütte › S. 74 zu sehen.

Zu den Hauptwerken spätgotischer Tafelmalerei im Elsass gehören Martin Schongauers »Madonna im Rosenhag« und Matthias Grünewalds Isenheimer Altar. Beide sind in Colmar › S. 137 zu bewundern.

Humanismus, Reformation und Renaissance

Im 15. Jh. hielt der Humanismus in Straßburg Einzug, das mit zahlreichen Klosterschulen und Lehrern wie Albertus Magnus und Meister Eckhart bereits auf eine gewisse Tradition zurückblicken konnte.

1434 entwickelte Johannes Gutenberg nach einigem Experimentieren ein Druckverfahren mit beweglichen Lettern aus Metall. Ob ihm dies in Straßburg oder Mainz gelang, ist bis heute nicht eindeutig geklärt. Sicher ist hingegen, dass er 1458 wegen Zinsschulden geächtet wurde, die auf diese Zeit zurückgingen. Seine Erfindung machte Straßburg zu einem frühen Zentrum des Verlagswesens.

Hans Baldung Griens Madonna im Musée des Beaux Arts

Ein früher Humanist war Johann Geiler von Kaysersberg, ab 1478 Münsterprediger. Die Massen strömten ihm zu, weil er bei seiner in volksnaher Sprache vorgebrachten Kritik am Zustand der Welt weder Adel noch Klerus schonte. Die Münsterkanzel › S. 72 wurde eigens für ihn errichtet.

So vorbereitet, fiel die Reformation in Straßburg auf fruchtbaren Boden. 1523 erhielt Martin Bucer, ein vom Papst mit dem Bann belegter protestantischer Theologe, im toleranten Straßburg Asyl. 1529 wurde der katholische Kult abgeschafft, das Münster blieb bis zur Gegenreformation 1681 protestantisch.

Im 15. Jh. florierte auch der Handel, die Bürgerschaft kam zu Wohlstand und begann sich zu emanzipieren. Ein Spiegel dieses neuen Reichtums und Selbstbewusstseins sind die Straßburger Renaissancegebäude: Die Chambre de Commerce an der Place Gutenberg › S. 89 wurde als neues Rathaus der Freien Reichsstadt an Stelle einer während der Reformation abgerissenen Kirche errichtet. Besonders aufwändig ließ ein reicher Kaufmann sein Haus an der Place de la Cathédrale schmücken. An der Maison Kammerzell › S. 76 blieb kein Zentimeter Balken ohne Schnitzerei.

Schnitzfigur an der Schaufront der Maison Kammerzell

Stellvertretend für die Malerei der Zeit sei Hans Baldung Grien (1485–1545) genannt, Stadtrat und bischöflicher Hofmaler in Straßburg. Der Dürer-Schüler malte neben religiösen Themen bevorzugt Porträts. Einige seiner Werke sind im Museum der Dombauhütte › S. 74 zu sehen.

1494 erschien das noch heute berühmte **Narrenschiff** des Stadtschreibers Sebastian Brant. Der Professor der Rechte kritisierte mit seiner Satire Eitelkeiten und soziale Missstände.

Barock und Rokoko

Aus dem 17. Jh. gibt es keine nennenswerten Bauten in Straßburg, das in den Dreißigjährigen Krieg verwickelt war und anschließend von den Franzosen besetzt wurde. Vauban, Festungsbaumeister von Louis XIV., entwarf eine Zitadelle, von der nur spärliche Überreste erhalten sind › S. 92. Man orientierte sich zunehmend am französischen Geschmack, für den mit dem Bischofspalast, dem Palais Rohan › S. 82, ein hervorragendes Vorbild zur Verfügung stand.

Unter den plastischen Werken ragt das Grabmal des Marschalls Moritz von Sachsen in der Kirche St-Thomas hervor › S. 89. Louis XV. gab die Arbeit bei Jean-Baptiste Pigalle in Auftrag.

Historismus der Gründerzeit

1871 wurde Straßburg Hauptstadt des deutschen Reichslandes Elsass-Lothringen und das Kaiserreich übernahm die Stadtplanung. Um den Herrschaftsanspruch der neuen Obrigkeit zu zementieren, stampfte man

Musée d'Art Moderne

nordöstlich der Illinsel ein neues Viertel mit überwiegend öffentlichen Bauten aus dem Boden › S. 117. Die Architekten orientierten sich dabei an historischen Stilen. Neben Verwaltungsgebäuden erhielt Straßburg einen Bahnhof, eine Universität, einen Justizpalast und natürlich eine monumentale Residenz, die dem Kaiser bei seinen Aufenthalten zur Verfügung stehen sollte.

Moderne

Auf den Historismus folgte der Jugendstil, den in Straßburg die Bains Municipaux › S. 44 auf schöne Art und Weise repräsentieren. Das Stadtbad, heute eine Sehenswürdig-

Tomi Ungerer

Für die einen ist Tomi Ungerer ein perverser Zyniker mit Zeichenstift, für andere ein genialer Kritiker von Sexbesessenheit und Dekadenz. Er selbst sieht sich als »Pendler zwischen heiler und geiler Welt«.

Der 1931 geborene Sohn einer alteingesessenen Straßburger Familie – Uhren des Münsters stammen u. a. aus der Ungererschen Produktion – ist jedenfalls eine der provozierendsten Gestalten der internationalen Kunstszene. Sein Werdegang in Stichworten: Ungerer ging 1956 nach New York, machte sich mit Zeichnungen für das Kinderbuch »The Mellops go flying« einen Namen und arbeitete als Karikaturist. Mit seinen derben, erotischen Karikaturen im Buch »The Party« brüskierte er die New Yorker Gesellschaft.

Schockierende Zeichnungen wurden zu einem seiner Markenzeichen, aber er illustrierte auch liebevoll das »Große Liederbuch« mit elsässischen Landschaftsszenen im Biedermeierstil. Und für die Zweihundertjahrfeier der Französischen Revolution entwarf er einen Zyklus von Zeichnungen mit dem Titel »Liberté, Egalité, Fraternité«.

Das Multitalent hat es sich zum Ziel gesetzt, mit seiner Kunst einen Beitrag zur Förderung der Freundschaft zwischen Deutschen und Franzosen zu leisten. Der in Straßburg und Irland lebende Künstler unterstützt die Association Franco-Allemande pour l'Europe. Für sein großes Engagement wurde ihm das deutsche Bundesverdienstkreuz verliehen. In Straßburg ist dem Künstler ein Museum in der Villa Greiner gewidmet › S. 123.

keit, wurde 1908 von Fritz Beblo erbaut, einem deutschen Architekten, der von 1903–1918 in Straßburg als Stadtbauinspektor und später als Stadtbaurat fungierte.

Ein Protagonist der Klassischen Moderne war der Maler, Bildhauer und Dichter Hans Arp (1887–1966). Er gilt als Mitbegründer der Dada-Bewegung, in seinen späteren Jahren schuf er vor allem abstrakte Skulpturen. Arp wirkte innerhalb eines Zirkels von Künstlern, der das künstlerische Leben Straßburgs maßgeblich prägte. Man findet Zeugnisse dieses Wirkens nicht nur im Musée d'Art Moderne et Contemporain › **S. 194** und in der Avenue du Général de Gaulle, wo drei Skulpturen stehen, sondern neuerdings auch wieder in der Aubette › **S. 102**.

   Christophe Meyer, in Colmar geboren, malt in Straßburg seine archetypischen Menschen. Der Straßburger Raymond Waydelich skizziert mit Witz und Ironie Szenen, die einerseits an Steinzeitmalereien, andererseits an moderne Comicstrips erinnern. Tomi Ungerer › **Seitenblick S. 60** ist der bekannteste Zeichner, Karikaturist und Illustrator Straßburgs.

Feste & Veranstaltungen

Februar/März: Karneval – großer Umzug durch die Innenstadt am Sonntag nach Fastnacht.

Mai: Mit **Paraden am 8. Mai** wird die deutsche Kapitulation 1945 gefeiert; **Courses de Strasbourg** – Rennen für Langstreckenläufer und Rollstuhlfahrer.

Im Sommer finden in der Fußgängerzone jeden Samstag **Openair-Konzerte, Theatervorstellungen** und **Musikumzüge** statt.

Juni/Juli: Festival International de Musique; Foire St-Jean (Johannes-Kirmes) auf dem Messegelände Wacken.

13./14. Juli: Am Vorabend des französischen **Nationalfeiertages** gibt es eine Militärparade. Das Feuerwerk am Abend des 14. Juli lässt sich gut von den Ponts Couverts › **S. 86** aus beobachten.

Juli/August: Les Nuits de Strass – Ausstellungen, Theater, Tanz und Musik, Münsterbeleuchtung (auf dem Programm stehen auch viele kostenlose Veranstaltungen).

August: **Bierfest** in Schiltigheim.

September/Oktober: **Europa-Messe** auf dem Expo-Gelände; **Musica** – Internationales Festival für moderne Musik.

November: Jazzfestival **Jazz d'Or** im Palais de la Musique et des Congrès/Wacken; **St'Art** – zeitgenössische Kunstmesse auf dem Messegelände.

Dezember: **Weihnachtsmärkte** › **Kasten S. 103** zwischen Münster und Place Broglie.

Die genauen Termine finden sich auf der Webseite des Office de Tourisme (www.ot-strasbourg.com). Unbedingt rechtzeitig das Hotel reservieren: An Wochenenden und in Sitzungswochen des Europaparlaments sind kurzfristig kaum Zimmer zu bekommen!

Die Ill mit den Ponts Couverts, überragt vom Münster

TOP-TOUREN
& SEHENS-
WERTES

ALTSTADT AUF DER ILLINSEL

Kleine Inspiration

- **Die filigrane Kunstfertigkeit** der Westfassade des Münsters bestaunen › S. 68
- **Ein Glas Riesling** an der Place du Marché Gayot im Freien genießen › S. 78
- **In den Feinkostläden der Rue d'Orfèvres** Delikatessen für ein Picknick erstehen › S.80
- **Sich ins Markttreiben** an der Place Broglie mischen › S. 98

Das Münster ist Straßburgs Besuchermagnet, besonders dicht drängen sich die historischen Fachwerkhäuser im Gerberviertel und im Französischen Viertel pulsiert Geschäftsleben.

Nichts prägt Straßburg mehr als sein meisterliches Münster. Die himmelstürmende Fassade aus rosa Sandstein überragt die Place de la Cathédrale, das Herz der Stadt. Eilige Straßburgerinnen mit Einkaufstüten suchen ein Durchkommen zwischen Touristen, weiß geschminkten Pantomimen, Jongleuren und Straßenhändlern. Sogar in der Kathedrale geht es oft nur wenig ruhiger zu. Wer die Stufen des Münsterturms zur Aussichtsplattform hinaufsteigt, kann den Schwindel erregenden Blick über das Dächermeer der Altstadt genießen. Ihre schmalen, von historischen Fachwerkhäusern gesäumten Gassen verbinden das mittelalterliche Zentrum mit der Petite France und bilden mit dem Münster die Hauptsehenswürdigkeit Straßburgs. Nördlich der Kathedrale, rund um die Rue des Orfèvres, schlägt das kulinarische Herz der Stadt mit ausgezeichneten Konditoreien und Feinkostläden. Doch auch Modeboutiquen und Geschäfte für Wohndesign locken in dem Karree zwischen Rue des Grandes Arcades, Rue du Dôme und Rue des Hallebardes, einer beliebten Einkaufsgegend mit vielen Fußgängerzonen. Die autofreie Place Kléber ist der Mittelpunkt des pulsierenden Ge-

schäftszentrums. Fachwerkfassaden und moderne Einkaufskomplexe bilden die Kulisse des modern gestalteten Platzes. Hier beginnt das Französische Viertel, der nördliche Teil der Altstadt, der auf das 17. und 18. Jh. zurückgeht. Nachdem Straßburg französisch geworden war, eroberte der Pariser Architekturstil die elsässische Metropole; an rechtwinklig angelegten Straßen und Plätzen entstanden Bauten im Stil des Rokoko und Klassizismus. Könige und Kaiser, Söldner und Generäle kamen und gingen, ihre Denkmäler blieben. Die unruhigen Zeiten überstand eine Kirche: St-Pierre-le-Jeune ist der ruhende Pol im lebhaften Centre Ville.

Ein Spaziergang durch die malerischen Gassen des Gerberviertels bildet einen der Höhepunkte eines jeden Straßburg-Besuchs. Dicht an dicht stehen hier Fachwerkhäuser. Im Mittelalter, als die Gerber auf den Dachböden ihre Felle trockneten, war das Viertel ziemlich verrufen: Wer an der sogenannten Franzosenkrankheit, der Syphilis, litt, den steckte man hierher ins Krankenlager. Heute ist das von Kanälen durchzogene Viertel schmuck herausgeputzt, die ehemaligen Handwerkerhäuser beherbergen gemütliche Weinlokale, Cafés, Antiquitätengeschäfte und Andenkenläden.

Im Gerberviertel Petite France

Unterwegs in der Altstadt

 Münsterviertel

**Verlauf: Place de la Cathédrale ›
Musée de l'Œuvre Notre Dame ›
Rue du Dôme › Rue des Juifs ›
Place St-Etienne › Rue des Frères
› Place du Marché Gayot › Rue
des Écrivains**

Karte: Seite 79
Distanz/Dauer: 2,5 km, 1 Std. (ohne
Museumsbesuche)
Praktische Hinweise:
- Zentrale Haltestellen für einen
  Rundgang durchs Münsterviertel
  sind Homme de Fer, Langstross/
  Grand'Rue oder Place Broglie.
- Man sollte die Tour möglichst am
  frühen Morgen beginnen, bevor die
  Reisegruppen den Münsterplatz
  stürmen.
- Einen guten Auftakt bildet der Auf-
  stieg zum Münsterturm, wer die
  Astronomische Uhr sehen möchte,
  sollte zur Mittagszeit wieder am
  Münsterplatz sein. Hier oder an der
  kleinen Place du Marché Gayot
  östlich des Münsters finden sich
  auch genügend Lokale für eine
  Mittagspause.

Tour-Start: Place de la Cathédrale [D4]

Der Münsterplatz ist *der* Treffpunkt
für ganz Straßburg. Bereits frühmorgens werden die Tische der Cafés auf dem Pflaster zurechtgerückt
und die Ständer der Andenkenläden vor die Geschäfte gerollt, Kin-

der eilen zur Schule, Einheimische
zur Arbeit, die ersten Touristen stellen sich ein und besuchen das Frem-
denverkehrsamt, Musiker und Stra-
ßenkünstler konkurrieren um den
besten Platz. Und über all dem Treiben erhebt sich seit Jahrhunderten
das Münster. Man muss den Kopf in
den Nacken legen und schafft es
trotzdem kaum, sie in ihrer ganzen
Pracht zu erfassen – so gewaltig
wirkt die Kathedrale.

Zwischenstopp: Restaurant
Christian ❶ [D4], der wohl beste
Konditor der Stadt › S. 81, unterhält in
der auf den Münsterplatz zuführenden
rue Mercière (Nr. 10) einen Teesalon. Auf
der Karte stehen auch exquisite kleine
Snacks.

Cathédrale Notre Dame ❶ ⭐ [D4]

Wo sich heute das Münster erhebt,
befand sich von jeher das religiöse
Zentrum der Stadt: Auf ein kelti-
sches Heiligtum folgte das von den
Römern angelegte Forum mit Mars-
und Merkur-Tempel. Im 4. Jh.
wurde das Christentum Staats-
religion des Römischen Reiches,
schon zu dieser Zeit soll ein erster
christlicher Sakralbau aus Holz entstanden sein.

Dessen steinerner Nachfolger
wurde im 8. Jh. durch einen karo-
lingischen und ab 1015 durch einen
romanischen Neubau ersetzt. Auf
dessen Grundriss nahm das Münster nach mehreren schweren Brän-

Das Münster wurde aus rosa Vogesensandstein erbaut, den die Sonne zum Leuchten bringt

den ab 1176 und über eine Bauzeit von gut 260 Jahren seine heutige Gestalt an.

Begonnen wurde im Osten mit dem Chor und dem Querhaus, wobei man die Fundamente des Vorgängerbaus nutzte. Diese Bauphase war stilistisch von der burgundischen Romanik geprägt. Ab ungefähr 1225 machte sich dann der gotische Einfluss bemerkbar. Er gab dem dreischiffigen Langhaus sein Gepräge, dessen Erbauung sich über 40 Jahre hinzog.

1277 wurde der Grundstein für die Westfassade gelegt, mit deren Ausführung Erwin von Steinbach betraut wurde. Doch es kamen und gingen noch fünf Baumeister, bis Johannes Hültz aus Köln 1439 den nördlichen Turm vollenden konnte. Bis 1874 war er das höchste Bauwerk Europas, der Südturm wurde

nie fertiggestellt. Dass die Namen der Baumeister bis heute überliefert sind, ist den im Museum der Münsterbauhütte › S. 74 aufbewahrten, einzigartigen Originalrissen zu verdanken.

Fassade
Einige Schritte von der Südwestecke des Münster entfernt vor der Post stehend Ⓐ bekommt man einen besonders guten Überblick über die verschiedenen Bauphasen des Münsters – von der Romanik des Chors bis zur späten Gotik des Westportals

Mit voranschreitender Zeit wird der Bau immer feingliedriger. Zutaten des 18. bzw. des 19. Jhs. sind die den Seitenschiffen vorgeblendeten neugotischen Götz-Arkaden und der neoromanische Vierungsturm. **50 Dinge ㉒** › S. 14.

Der vielfarbige Vogesensandstein der Kirche wechselt mit der Tageszeit die Farbe von tiefrot bis altrosa. Die filigrane Westfassade erinnert an eine steinerne Harfe. Sie wird von drei Portalen gegliedert. Darüber erheben sich die berühmte Fensterrose und ein drittes Stockwerk.

Die meisten Skulpturen an den Portalen sind inzwischen durch Kopien ersetzt. Die Originale werden im Museum der Bauhütte, dem Musée de l'Œuvre Notre Dame › S. 74 aufbewahrt.

Im Mittelalter konnten nur wenige Menschen lesen; um die Gläubigen zu einem christlichen Verhalten anzuhalten, bediente sich die Kirche daher gern bildlicher Darstellungen. Man kann den Skulpturenschmuck des Münsters somit auch als Spiegel der damaligen Moralvor-

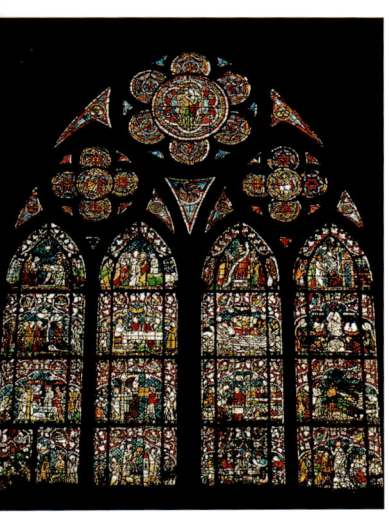

Buntglasfenster tauchen den Innenraum in ein warmes Licht

stellungen lesen. In den seitlichen Schrägen des **linken Portals** Ⓑ beispielsweise stechen Frauen mit langen Lanzen heftig auf liederliche Gestalten zu ihren Füßen ein. Sie stellen die Tugenden dar, die den Todsünden zu Leibe rücken. Hochmut, Völlerei, Neid und Faulheit links sowie Zorn, Habsucht, Eitelkeit und Wollust gegenüber lassen sich noch gut identifizieren. Vermittelt wurden auch wichtige Glaubensinhalte. So erzählt das Tympanon (Bogenfeld) über dem Türsturz in leicht verständlichen Bildern die Kindheitsgeschichte Christi.

Das Tympanon des **Mittelportals** Ⓒ schildert figurenreich die Leidensgeschichte Christi. Auf den Bogenläufen sind die Schöpfungsgeschichte und Szenen aus dem Neuen Testament wiedergegeben, jedoch in Nachschöpfungen des 19. Jhs. Dies gilt auch für die Madonna am Mittelpfeiler. Originale sind die Statuen der Propheten (um 1275) links und rechts vom Portal.

Christus als Weltenrichter ist im Tympanon des **rechten Portals** Ⓓ zu sehen. Im Gewände stehen die Klugen und die Törichten Jungfrauen mit ihren Öllampen, ein Gleichnis für das Vorbereitetsein auf das Reich Gottes. Ganz links lockt der Fürst der Welt als Personifikation der Verführung mit einem Apfel, während in seinem Rücken bereits das Verderben lauert. Darstellungen dieser Art entstanden unter dem Eindruck der damals durch Europa rollenden Pestwellen, in denen man Vorboten der herannahenden Apokalypse sah.

Die riesige Fensterrose über dem Mittelportal hat einen Durchmesser von 14 m. Darüber ist die Galerie der Apostel angeordnet, noch höher stehen die Engel. Die Rose überragten bis ins 14. Jh. zwei Turmstümpfe. Erst Michael Parler ließ damals den Mittelteil des dritten Fassadengeschosses einfügen.

Auf dem Weg zum spätgotischen Laurentiusportal am nördlichen Querhaus kommt man an einer prachtvollen Maßwerkbalustrade vorbei. Der Zweck dieser nach ihrem Erbauer benannten **Götz-Galerie** ❺ aus dem 18. Jh. bestand darin, die hässlichen Buden und Läden zu verbergen, die zwischen den Strebepfeilern errichtet worden waren. Im Mittelalter sollen sich sogar Prostituierte, sog. Münsterschwalben, an der Kirchenwand eingerichtet haben.

Der Baldachin im Flamboyant-Stil über dem Eingang zur ehemaligen **Laurentiuskapelle** ❻ wurde um 1500 entworfen. Hans von Aachen schuf die Madonna mit Kind und den Heiligen Drei Königen auf der einen und Laurentius mit weiteren Gestalten auf der anderen Seite. Bei der Darstellung des Laurentius-Martyriums handelt es sich um eine Nachbildung des 19. Jhs. Eine Etage höher strecken Dämonen und Fabelwesen ihre Klauen aus und leisten als Wasserspeier gute Dienste.

Die Südseite der Kathedrale ist mit dem Lycée Fustel de Coulanges, dem ehemaligen Jesuitenkolleg aus dem 18. Jh. verbunden. Hier stand im Mittelalter der Kreuzgang der Kleriker.

Besonders ausdrucksvoll ist der Skulpturenschmuck des **südlichen Querhausportals** ❼. Er ist Maria als Namenspatronin der Kirche gewidmet und zeigt in zwei Reliefs ihren Tod und ihre Krönung. Die fein ge-

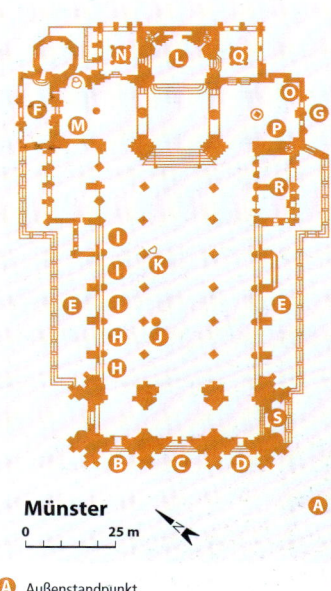

Münster

0 ___ 25 m

Ⓐ Außenstandpunkt
Ⓑ linkes Portal
Ⓒ Mittelportal
Ⓓ rechtes Portal
Ⓔ Götz-Galerie
Ⓕ Laurentiuskapelle
Ⓖ südliches Querhausportal
Ⓗ Kaiserfenster spätes 12. Jh.
Ⓘ Kaiserfenster Mitte 13. Jh.
Ⓙ Orgel
Ⓚ Kanzel
Ⓛ Chor
Ⓜ Ölberg-Gruppe
Ⓝ Johanneskapelle
Ⓞ Astronomische Uhr
Ⓟ Engelspfeiler
Ⓠ Andreaskapelle
Ⓡ Katharinenkapelle
Ⓢ Aufstieg zur Aussichtsplattform

Die original erhaltenen Buntglasfenster zaubern eine magisch-meditative Atmosphäre im

arbeiteten Figuren der Ecclesia und der Synagoge sind Kopien (Originale im benachbarten Museum der Bauhütte › S. 74). Zwischen ihnen thront der weise Salomon (moderne Nachbildung). Er steht thematisch mit dem Engelspfeiler im Münsterinneren in Zusammenhang und mit der mittelalterlichen Funktion des Platzes: Hier leitete der Bischof die Gerichtssitzungen.

Öffnungszeiten

- **Münster:** tgl. 7–11.20 und 12.35 bis 19 Uhr, keine Besichtigung während Gottesdiensten und Konzerten (Termine und Zeiten: www.cathedrale-stras

bourg.fr). Messen: So 8, 9.30, 11 und 18.30, Mo–Fr 7.30 und 9 Uhr, Di–Fr auch 18.30, Sa 8, 9 und 18.30 Uhr; in den Sommerferien Anfang Juli bis Ende August gibt es leichte Abweichungen.
- **Astronomische Uhr:** Vorführung 12.30 Uhr, Kartenverkauf 9–11.30 Uhr am Postkartenstand innen im Münster und 11.50 bis 12.20 Uhr am Portal des Südquerhauses außen; Eintritt 2 €.
- **Münsterturm:** Eingang auf der Südseite; April–Sept. tgl. 9–19.15, Juli Fr, Sa bis 21.45, 1.–15. Aug. Fr, Sa bis 20.45, 16.–31. Aug. Fr, Sa bis 19.45, Okt.–März tgl. 10–17.15 Uhr; Eintritt 5 €, jeden 1. So im Monat gratis.

Innenraum des Münsters

Innenraum

So viel äußere Prachtentfaltung macht neugierig auf das Innenleben der Kathedrale. Am eindrucksvollsten präsentiert sich das Münster, wenn man es durch das Westportal betritt. Sofort ist man von mystischem Dämmerlicht umfangen. Dank der vielen original erhaltenen Scheiben vermittelt die Kirche noch ungefähr einen Eindruck der ursprünglichen Lichtverhältnisse.

Im Vergleich zum mittelalterlichen Treiben ist der heutige Trubel im Münster harmlos: Händler durften ihre Waren hier lagern, lärmende Versammlungen wurden abge-

halten, und sogar Prostituierte boten im Schutz des Dämmerlichtes ihre Dienste an.

Das Münster ist dreischiffig und besitzt wie alle klassischen französischen Kathedralen einen dreigeschossigen Wandaufriss: Spitzbogenarkaden trennen es von den beiden Seitenschiffen, darüber öffnet sich das lichte Triforium (ein Wandelgang), darüber sind die Fenster des Obergadens angeordnet. Ein Kreuzrippengewölbe überspannt das Mittelschiff. Bündelsäulen fangen den Druck ab, vertikale Dienste steigen bis zum Gewölbeansatz empor und lassen die Kirche noch höher erscheinen. Der romanische Chor bildet mit seinen großen Wandflächen und der Betonung der Horizontalen einen Kontrast zum gotischen Schiff.

Berühmt ist das Münster für seine Buntglasfenster verschiedener Epochen. Sie gehen bis ins 12. Jh. zurück, die älteste ist ein Engel in der Apsis der Krypta. Am bekanntesten sind die **Kaiserfenster** ⓗ › S. 56. Die Kaiser des Römischen Reiches Deutscher Nation sind in reiche Gewänder in leuchtenden Farben gehüllt. Die frühesten Fenster aus diesem Zyklus sind im nördlichen Seitenschiff zu finden. Sie entstanden um 1200 und erhielten später gotische Rahmungen. Die drei sich Richtung Chor anschließenden **Darstellungen des Kaisers** ❶ entstanden während des Baus des Langhauses (um 1275) und im 14. Jh. Erhalten blieb auch der größte Teil der gotischen Fenster im Hochschiff. Wer ein paar

Schritte in Richtung Chor geht und sich dann umdreht, kann die großartige Rosette des Westwerks erleben: Wie im Kaleidoskop schimmert ihr Bild in Grün, Gelb und Rot. Das Glas ihrer Fenster ist 1845 nach einem Schaden durch Hagelschlag getreu den Originalen erneuert worden.

Das Mittelschiff birgt weitere Prachtstücke: die Orgel und die Kanzel. Das Gehäuse der **Orgel** ⓙ wurde im 15. Jh. angefertigt. Samson auf dem Löwen ziert den Unterbau; beide tragen eine wilde Mähne. Das mächtige Klangwerk hat ursprünglich Andreas Silbermann angefertigt, 300 der insgesamt 3000 Orgelpfeifen stammen noch von dem berühmten Meister. Die regelmäßig stattfindenden Orgelkonzerte im Münster sind ein Genuss (Termine als Aushang an den Münsterportalen).

Die spätgotische **Kanzel** Ⓚ schuf 1485 der Baumeister Hans Hammer für den Prediger Geiler von Kaysersberg › **S. 58**. Es dauerte zwei Jahre, bis das Werk aus weißem Sandstein vollendet war. Die individuell gestalteten Figuren stellen zumeist biblische, aber auch zeitgenössische Personen dar. Auch der Hund, der Geiler von Kaysersberg stets bellend in die Kirche nachgelaufen sein soll, ist an der Kanzel verewigt.

Nun gelangt man in den älteren Teil des Münsters, den **Chor** Ⓛ aus dem ausgehenden 12. Jh. Die Bemalung der Apsis aus dem 19. Jh. wurde 1995 restauriert und erinnert mit ihrem Goldgrund an byzantinische Mosaike. Das zentrale Fenster stiftete 1956 der Europarat. Der Künstler Max Ingrand verwies mit dieser Maria – sie hat die Arme ausgebreitet, das Kind auf ihrem Schoß hält eine Lilie – auf das historische Banner Straßburgs.

Im nördlichen Querhaus steht eine **Ölberg-Gruppe** Ⓜ. Auf den Knien betet Christus zu Gott, die erhobenen Hände gefaltet. Doch hinter dem Zaun drängen schon seine Häscher – mit mittelalterlichen Waffen ausgestattet – heran. Judas ist an dem Beutel mit den Silberlingen zu erkennen. Das Werk von 1498 wird Veit Wagner zugeschrieben. Es kam von seinem ursprünglichen Standort in St-Thomas › **S. 89** ins Münster.

Auch die **Johanneskapelle** Ⓝ weist Kunstwerke von hohem Rang auf. Die 1466 geschaffene Grabplatte des Domherrn Konrad von Busnang wird Nikolaus Gerhaert von Leyden zugeschrieben. Der Künstler stellt dem starren Bild des Toten eine Mariengestalt mit lebendig bewegtem Christuskind gegenüber.

Detail der Ölberg-Gruppe

Täglich zur Mittagszeit hat die Astronomische Uhr ihren großen Auftritt

Ein Wunderwerk der Mechanik ist die **Astronomische Uhr** aus dem 16. Jh. im Südquerhaus. Nachdem sie 1780 stehengeblieben war, erneuerte Jean-Baptiste Schwilgué das Uhrwerk zwischen 1838 und 1842. Die Zifferblätter zeigen von oben nach unten die Mondphasen, das kopernikanische Planetarium mit den Tierkreiszeichen, die örtliche und die mitteleuropäische Zeit sowie den Jahreskalender an. Der für die damalige Zeit erstaunlich komplexe Kalenderteil stellt die Schaltjahre, die beweglichen Feste, Sonnen- und Mondgleichungen usw. dar.

Im 16. Jh. war statt der Sonne die Erde im Mittelpunkt des Tierkreises zu sehen. Die Kirche akzeptierte das heliozentrische Weltbild damals noch nicht. Die Uhrmacher fügten sich, doch ließen sie ein Bild des Kopernikus als mittleres der Porträts anbringen. Damit demonstrierten sie der Nachwelt überaus gewitzt, dass ihnen der damalige Stand der Wissenschaft durchaus bekannt war.

Jeden Mittag um 12.30 Uhr setzt sich die raffinierte Mechanik in Bewegung: Der Tod als Skelett schlägt mit einem Knochen die Stunde. Die Apostel ziehen an Christus vorbei, der sie segnet. Währenddessen schlägt ein Hahn mit den Flügeln und kräht dreimal. Zur Viertelstunde schlägt dann ein Engel die Glocke und eine von vier Figuren tritt hervor, welche die Lebensalter darstellen: Kind, Jüngling, Erwachsener und Greis.

Ein spannend zu betrachtendes Schauspiel – wenn man es denn betrachten kann, denn wenn es beginnt, drängt sich in der Kathedrale eine riesige Menschenmenge. Um einen Stehplatz mit guter Sicht zu ergattern, muss man sich mindestens 30 Min. vor Beginn der Vorführung einstellen. Ungestörter und aus größerer Nähe kann man die Uhr am Vormittag oder Nachmittag zu den Viertelstunden betrachten – hier treten zwar nur der Engel mit der Glocke und die Lebensalter in Aktion, doch ist auch der Andrang entsprechend geringer.

Das Gewölbe des Südquerhauses wird durch den **Engelspfeiler** gestützt. Seine auf drei Ebenen angeordneten zwölf Figuren stellen auf ungewöhnliche Weise das Jüngste Gericht dar – nicht mit großem Figurenaufgebot Schrecken verbreitend, sondern konzentriert auf die wichtigsten Personen, die zudem eine tröstliche Sanftheit und Milde ausstrahlen. Unten künden die Evangelisten den Jüngsten Tag an, darüber erwecken Engel mit Posaunenschall die Toten, und ganz oben sitzt Christus auf dem Richterstuhl. Die Engel zu seinen Seiten tragen die Leidenswerkzeuge. Die Figuren wurden gegen 1230 an dem bereits fertiggestellten Pfeiler angebracht.

Ein Mann stützt sich bequem auf die Balustrade der Sängertribüne über der romanischen **Andreaskapelle** und scheint sich den Engelspfeiler anzuschauen: Man vermutet in der Figur ein Selbstporträt des Bildhauers Nikolaus von Hagenau.

Die **Katharinenkapelle** im rechten Seitenschiff birgt Steinfiguren der hl. Katharina und der hl. Elisabeth, die einem Bettler eine Gabe reicht. Wie die Apostelfenster sind sie Werke des 14. Jhs.

Münsterturm

Eine andere Perspektive auf das Münster und die Stadt bietet die Plattform des unvollendeten Turms. An der Südwestecke führt eine Wendeltreppe mit 332 Stufen in 66 m Höhe hinauf. Durch die schmalen Fenster sieht man zuerst nur wenig. Oben aber breitet sich ein grandioser Panoramablick über ganz Straßburg aus: Graurote Dächer, Reihen von Dachgauben, hochgemauerte Kamine und schräge Treppengiebel, bei klarer Sicht reicht der Blick bis zur Bergkette der Vogesen. Von der Plattform aus kann man auch den vollendeten Nordturm besser betrachten. Elegante Wendeltreppen flankieren ihn bis zum Beginn der luftig-leichten Pyramide, die 2003–2009 restauriert wurde. Erst im 19. Jh. gab man die Idee, auch den zweiten Turm fertigzustellen, endgültig auf.

BUCHTIPP: Das Münster Notre-Dame zu Straßburg. Ein Weg der Erkenntnis. Editions du Signe. Neben kunsthistorischen Texten sind Auszüge aus den Predigten Geilers von Kaysersberg abgedruckt (erhältlich u. a. im Münster).

Musée de l'Œuvre Notre-Dame 2 ⭐ [D4]

Die im Münster gewonnenen Eindrücke lassen sich im Museum der Bauhütte vertiefen, zu dessen bedeutender Sammlung oberrheinischer Kunst des 11.–17. Jhs. auch viele originale Münsterskulpturen und -bauteile gehören. Sehenswert ist allein schon die Architektur: Der linke Flügel mit dem schlichten Treppengiebel wurde 1347 errichtet, das Nachbarhaus mit dem verzierten Volutengiebel stammt aus dem 16. Jh. Weiterhin gehören die alte Stiftsbäckerei und ein Fachwerkhaus, das früher südlich der Illkais stand und hier wieder aufgebaut wurde, zu dem verschachtelten

Komplex mit seinen Holzgalerien und idyllischen Innenhöfen. Im Hof neben dem Gasthaus wurde ein gotisches Gärtchen nach Vorbildern aus dem 13. Jh. angelegt. Das Zusammenspiel von alter Bausubstanz, teilweise originaler Inneneinrichtung und den ausgestellten Kunstwerken verleiht dem Museum eine sehr dichte Atmosphäre. **50 Dinge** ㉓ › S. 14.

Der ehemalige **Sitzungssaal der Maurer und Steinmetze** › S. 57 besitzt noch seine originale Decke, die zum einen Teil aus einem Netzgewölbe, zum anderen aus Holzbalken besteht. Hier sind die **Skulpturen vom Laurentiusportal** des Münsters › S. 69 ausgestellt. Weitere Räume beherbergen u. a. die berühmten Statuen der **Ecclesia** und der **Synagoge** sowie der **Törichten Jungfrauen** samt **Verführer**. Fragmente blieben vom gotischen **Lettner** erhalten, der im 17. Jh. bei der Wiedereinfüh-

rung des katholischen Kultes in der Kathedrale abgebrochen wurde. Einzigartige Dokumente runden das Bild des Münsters ab: Baurisse und Handzeichnungen verschiedener Münsterbaumeister mit Entwürfen zur Westfassade und zum Turm. Sie entstanden zwischen 1275 und dem frühen 16. Jh.

Zu den Schätzen der **Skulpturensammlung** gehören die Werke des Niederländers Nikolaus Gerhaert von Leyden, darunter eine Büste, bei der es sich vermutlich um ein Selbstbildnis handelt. Für die **Tafelmalerei** des 15. Jhs. steht Konrad Witz, zu dessen Hauptwerken »Die Heiligen Katharina und Maria Magdalena« zählt. Die folgende Epoche repräsentiert Hans Baldung Grien, der fast sein ganzes Leben in Straßburg verbrachte. Aus seinen Werken ragt das ausdrucksvolle Porträt des Kanonikers Ambrosius Volmar Keller hervor. Studien des

Die Figur der Synagoge zählt zu den berühmtesten Münsterskulpturen

Lichts sind die allegorischen Stillleben des Straßburger Künstlers Sebastian Stoskopff. Er arrangierte Gläser und goldene Pokale in Körben, um dann ihr Funkeln meisterlich auf die Leinwand zu bannen.

Viel Liebe zum Detail ließ man bei der Präsentation der **Glasmalerei** walten: Die Scheiben sind von hinten beleuchtet, so dass selbst zarteste Linien zur Geltung kommen. Einen Höhepunkt bilden hier die Werke des Meisters Peter Hemmel von Andlau.

Möbel, Tapisserien, kostbare Gläser, Goldschmiedearbeiten, Holzskulpturen und Elfenbeinschnitzereien runden den Eindruck von der Entwicklung der Kunst und des Kunsthandwerks in Straßburg und am Oberrhein ab (3, pl. du Château, Di–So 10–18 Uhr; www.musees-strasbourg.org. Die Münsterbauhütte, die nach wie vor für die Instandhaltung der Kathedrale verantwortlich ist, stellt sich auf der Webseite www.oeuvre-notre-dame.org vor).

Pharmacie du Cerf 3 [D4]

Das Fachwerkhaus an der Ecke Place de la Cathédrale/Rue Mercière beherbergte bis zum Jahr 2000 Frankreichs älteste Apotheke, die schon seit 1268 bestehende Hirschapotheke. Das heutige Gebäude mit dem steilen Dach stammt aus dem 16. Jh. Den Schaufensterbogen zieren Drachen und anderes Getier. Im Inneren informiert die Boutique Culture über Kulturevents aller Art, auch ein 14-tägiger Veranstaltungs-

kalender und Tickets sind hier erhältlich (Di–Sa 12–19 Uhr, Tel. 03 88 23 84 65).

Maison Kammerzell 4 ⭐ [D4]

Ein weiteres bauliches Kleinod am Münsterplatz ist die Maison Kammerzell, ein Meisterwerk des Fachwerkbaus. Das steinerne Erdgeschoss des Bürgerhauses wurde 1467 errichtet, die reich verzierten Obergeschosse stammen aus dem 16. Jh. ❗ Kunstvolle Schnitzereien an den Fenstern und Eckpfosten symbolisieren u. a. die Tierkreiszeichen, die Menschenalter und die christlichen Tugenden. Die Mauerflächen zwischen den Holzbalken sind mit gelb-rotem Rankenwerk bemalt.

Zwischenstopp: Restaurant

Maison Kammerzell 2 [D4] €€
Das Fachwerkhaus beherbergt das Restaurant Maison Kammerzell, dem Butzenscheiben und Wandmalereien aus dem 19. Jh. Atmosphäre verleihen. Serviert werden raffinierte Varianten der regionalen Küche. Unbedingt einen Fensterplatz mit Blick auf das Münster reservieren! **50 Dinge** ⑰ › S. 14.
• 16, pl. de la Cathédrale
  Tel. 03 88 32 42 14
  www.maison-kammerzell.com

Rue du Dôme und Rue des Frères

An der Nordseite des Münsters verläuft die Rue des Frères. Hier kann man wunderbar shoppen und genießen. In die historischen Fachwerkhäuser der Altstadtstraße wur-

Fachwerkjuwel am Münsterplatz: die Maison Kammerzell

den große Schaufenster gebrochen, die mit modischen Accessoires und Designerschick, traditionellem Kunsthandwerk (u. a. Keramik, Textilien, Korbwaren) und Delikatessen zum Kauf verführen. Eine Reihe besonders attraktiver Geschäfte hat sich um die Ecke Rue des Frères/ Rue du Dôme angesiedelt.

Shopping

Uhren und ausgefallenen Schmuck nach eigenen Entwürfen findet man bei **Le Tiroir à Bijoux**, 16, rue du Dôme, ausgewählte Herrenmode auch für Jugendliche und Kinder bei **Father and Sons,** 25, rue du Dôme. Die **Poterie d'Alsace**, 3, rue des Frères › S. 40, bietet traditionelle und moderne Keramik aus den Töpferdörfern Soufflenheim und Betschdorf.

Rue des Juifs **5** [D4]

Die betriebsame Geschäftsstraße mit ihren prächtigen Fassaden war im Mittelalter ein Zentrum jüdischen Lebens. Viele Handwerker, Kaufleute und Geldwechsler gingen hier ihrem Gewerbe nach.

Im Haus Nr. 30 war die **Synagoge** mit einer Schule untergebracht, Haus Nr. 19 beherbergte eine **Mikwe,** ein rituelles jüdisches Tauchbad. Nach dem Pogrom von 1349 › S. 52 mussten die Juden jeden Abend nach getaner Arbeit die Stadt verlassen, daran erinnert noch heute die Judenglocke, die um 22 Uhr vom Münster läutet. Erst nach der französischen Revolution erhielten die Straßburger Juden wieder die Bürgerrechte und kehrten in die Stadt zurück.

Bis 1789 errichteten Adlige in der Straße mehrere repräsentative Stadtpaläste wie die Häuser Nr. 11 und Nr. 27. Ein sehenswertes Palais steht auch in der südlich abzweigenden Rue des Pucelles. Hier überragt ein hoher Treppengiebel von 1550 die Häuser. Er gehört zum mehrfach umgebauten **Fürstenberger Hof.**

Place St-Etienne 6 [D4]

Verträumt wirkt dieser hübsche Altstadtwinkel. Am Brunnen steht der »Meiselocker«: Ein Junge aus Bronze lockt mit seiner Pfeife die Vögel an. ❗ Die umstehenden Fachwerkhäuser mit den geschnitzten Balken sind typisch für den Straßburger Renaissancestil. Die Kirche **St-Etienne** wurde nach erheblichen Zerstörungen im Zweiten Weltkrieg 1961 neu erbaut. Ihr Inneres birgt kostbare Bildteppiche, die im 15. Jh. in der klostereigenen Weberei gefertigt wurden, sowie eine Beweinung Christi vom einstigen Fronaltar des Münsters, den Nikolaus von Hagenau um 1501 schuf.

Nightlife
Le Zanzib'Art [D4]
Im Haus Nr. 1 hat sich eine gemütliche Café-Bar eingerichtet, die zwei- bis dreimal wöchentlich Livemusik oder Auftritte angesagter DJs bietet.
• Tel. 03 88 36 66 18

Place du Marché Gayot 7 [D4]

Der Weg von der Place St-Etienne zum Place du Marché Gayot führt über die Rue de Frères. Hier und in der Rue des Sœurs, die im Osten an den Platz angrenzt, haben die Geschäfte noch die alten Holzfassaden um die Schaufenster. Viele Häuser beherbergen Bars und Klubs, in denen die Straßburger Jugend sich gern für den Abend verabredet. Enge, leicht zu übersehende Durchgänge führen von beiden Straßen auf den bezaubernden kleinen Marktplatz, dessen kopfsteinge-

pflastertes Karree von stimmungsvollen Häusern aus drei Jahrhunderten gesäumt wird. ❗ Mehrere kleine Lokale, die auch Tische im Freien aufstellen, laden hier zu einer Pause ein.

Zwischenstopp: Restaurants
Le Cornichon Masqué 3 [D4] €€
Die kleine Weinbar wird besonders von der Kulturszene frequentiert. Berühmt sind die fabelhaften Sandwiches und Snacks wie warmer Ziegenkäse mit Feigen auf gegrilltem Toast.
• Nr. 17 | Tel. 03 88 25 11 34
  So/Mo geschl.

La Table du Gayot 4 [D4] €€
Offeriert traditionell elsässische Gerichte und klassisch französische Küche.
• Nr. 8 | Tel. 03 88 36 30 27
  Di/Mi geschl.

Rue des Écrivains 8 [D4]

Zurück zum Münster gelangt man über die Rue des Écrivains. Hier steht der **Andlauer Hof,** den der Bischof für die Stiftsdamen der Abtei Andlau erbauen ließ. Die lange, schlichte Fassade gehört dem **Lycée Fustel de Coulanges;** an diesem Gymnasium werden seit einiger Zeit auch elsässische Sprache und Kultur unterrichtet. An der Einmündung der Rue de la Râpe in die Rue des Ecrivains steht das **Cagliostro-Haus,** dessen Rokokoportal in der sachlichen Umgebung umso verspielter wirkt. Hier lebte 1780–1783 Giuseppe Balsamo, ein Hochstapler und Alchemist, der unter dem Namen Graf Cagliostro in die Geschichte einging.

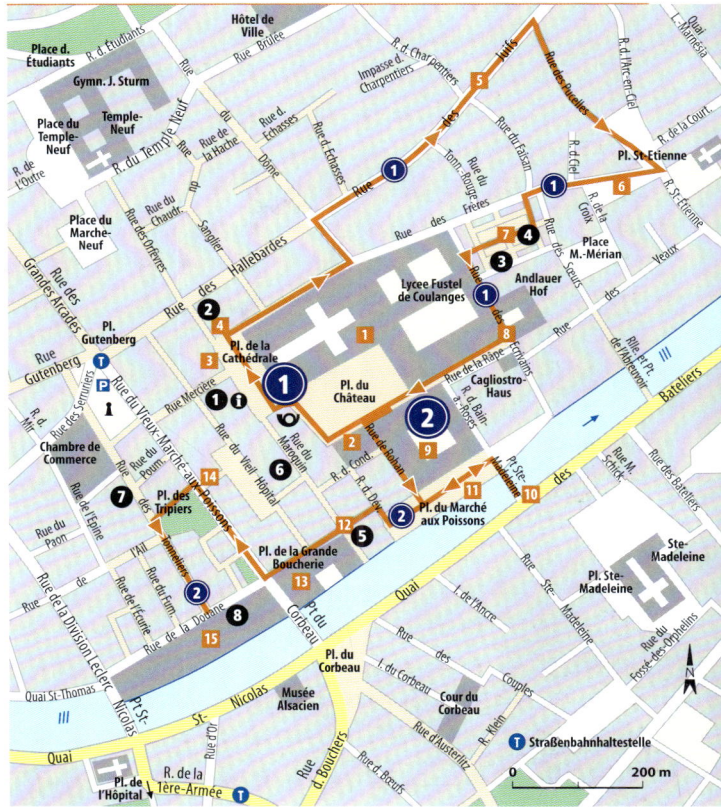

Touren rund um das Münster

Tour ①

Münsterviertel

1. Cathédrale Notre Dame / Münster
2. Musée de l'Œuvre Notre-Dame
3. Pharmacie du Cerf
4. Maison Kammerzell
5. Rue des Juifs
6. Place St-Etienne
7. Place du Marché Gayot
8. Rue des Écrivains

Tour ②

Zwischen Münster und Gerberviertel

9. Palais Rohan
10. Pont Ste-Madeleine
11. Place du Marché aux Poissons
12. Place du Marché aux Cochons de Lait
13. Grande Boucherie
14. Wohnhaus Goethes
15. Ancienne Douane

Einkaufstipps für Genießer

In Straßburg kann man nicht nur hervorragend tafeln, sondern auch nach Herzenslust einkaufen › S. 40. Das Vergnügen ist umso größer, als in der elsässischen Metropole vieles angeboten wird, was östlich des Rheins nur schwer zu finden ist. In den riesigen Supermärkten (hypermarchés) finden Sie gute Weine und regionale Spezialitäten zu erschwinglichen Preisen (generelle Öffnungszeiten der Geschäfte › S. 153).

Delikatessen

Gleich nördlich der Kathedrale, in der Rue des Orfèvres (Goldschmiedgasse) und ihrer Umgebung residieren die Könige des guten Geschmacks, was man leicht an den verführerischen Schaufensterauslagen der renommiertesten Feinkostgeschäfte und der besten Konditoreien des Elsass erkennen kann.

- **La Boutique d'Antoine Westermann** [D4]
  Der in Ruhestand getretene 3-Sterne-Koch Antoine Westermann › S. 34 bietet exklusive Fleisch- und Wurstwaren sowie Gerichte zum Mitnehmen an.
  1, rue des Orfèvres
  Tel. 03 88 22 56 45
- **La Boutique du Gourmet** [D4]
  Hervorragende Weine, Schnäpse und Liköre sowie feinste Gänseleberpastete nach altem Familienrezept.
  26, rue des Orfèvres
  Tel. 03 88 32 00 04
  www.bruck-foiegras.com
- **Boucherie Frick Lutz** [D4]
  Hier geht alles über den Tresen, was an Fleisch- und Wurstwaren gut und teuer ist.
  16, rue des Orfèvres
  Tel. 03 88 32 60 60 | www.frick-lutz.fr
- **Maison Lorho** [D4]
  Das kleine Geschäft öffnet die Tür in den französischen Käsehimmel. **50 Dinge** ㉑ › S. 14.

3, rue des Orfèvres
Tel. 03 88 32 71 20
www.maison-lorho.fr

- **Pâtisserie Christian** [C3]
  Was hier aus Schokolade, Sahne, kandierten Früchten, Eiscrème, Nüssen und exotischen Aromen geschaffen wird, sind Kunstwerke, die man sich kaum zu essen getraut. Zum Geschäft gehört eine kleine Teestube.
  12, rue de l'Outre | Tel. 03 88 32 04 41
  www.christian.fr
- **Pâtisserie Naegel** [D4]
  Ein Schlaraffenland voller himmlischer handgefertigter Pralinen.
  9, rue des Orfèvres
  Tel. 03 88 32 82 86
  www.maison-naegel.com

Haute Couture und Kunsthandwerk

- **Hermès** [C3]
  Die handbedruckten Seidentücher und Ledertaschen des französischen Traditionslabels sind begehrte Klassiker.
  2, rue de la Mésange
  Tel. 03 88 3239 91
- **L'Altra** [D4]
  Ausgewählte Modelle aus den aktuellen Kollektionen der führenden namhaften Modeschöpfer.
  4–5 place du Temple Neuf
  Tel. 03 88 75 12 11
  www.altramode-mp.com
- **Arts et Collections d'Alsace** [D4]
  Elsässisches Kunsthandwerk aller Art: Leinen, Töpfer- und Korbwaren, typische hohe Gläser für den Elsässerwein, Kinderspielzeug, Schreinerware etc. **50 Dinge** ③③ › S. 15.
  4, pl. du Marché aux Poissons
  Tel. 03 88 14 03 77
  www.arts-collections-alsace.com

- **Faïencerie à la Petite France** [B4]
  Seit 1910 in diesem Fachwerkhaus; große Auswahl an handgemachter alter und neuer Keramik sowie Porzelanarbeiten aus ganz Frankreich.
  33, rue du Bain aux Plantes
  Tel. 03 88 32 33 69
- **Marché aux livres** [D4]
  Auf diesem Bücherflohmarkt stapeln sich historische Postkarten, Plakate aus der guten alten Zeit sowie gebrauchte und neue Bücher zu allen Themen- und Wissensgebieten.
  Rue Gutenberg und
  Rue des Hallebardes
  Di, Mi und Sa 9–18 Uhr

Tipps für Preisbewusste

Eine Studie der Verbraucherberatung **Euro-Info** fand im deutschelsässischen Preisvergleich heraus: Grundnahrungsmittel sind in Deutschland zwar meist günstiger, aber bei Kaffee, Lammfleisch, Fisch und Mineralwasser kann man im Elsass sparen. Ebenfalls billiger sind Aspirintabletten, manche Kosmetika und TV-Apparate. Ein besonderer Preishit: Kraftstoff an den Tankstellen großer Supermärkte.

Elsässische Käsespezialitäten

Tour 2: Zwischen Münster und Gerberviertel

Verlauf: Palais Rohan › Place du Marché aux Poissons und Cochons de Lait › Rue du Maroquin › Grande Boucherie › Rue du Vieux Marché aux Poissons › Rue des Tonneliers › Ancienne Douane

Karte: Seite 79

Distanz/Dauer: 1,5 km, 1 Std. (ohne Museumsbesuche)

Praktische Hinweise:

- Je nach Lage des Hotels können die Haltestellen Langstross/Grand' Rue bzw. Porte de l'Hôpital als Ausgangs- und Endpunkt für diese Tour dienen.
- Am Ende bieten sich das nahe Gerberviertel oder bei umgekehrter Gehrichtung die Place du Marché Gayot für eine Pause bei einer Tasse Kaffee oder einem Imbiss an.
- Am Samstag sollte man sich Zeit für Marktbesuche nehmen › S. 41.

Tour-Start:
Palais Rohan 9 ⭐5 [D4]

Die ehemalige Residenz der Fürstbischöfe von Straßburg liegt zwischen dem Münster und der Ill und lässt sich ohne weiteres mit einem Schloss vergleichen. Bauherr war der Kardinal Gaston-Armand de Rohan-Soubise, Spross einer einflussreichen Adelsfamilie. Von 1704 bis zur Revolution stellte sie ohne Unterbrechung die Bischöfe der Stadt. Noblesse oblige, folglich musste alles vom Feinsten sein: Der Architekt des Königs, Robert de Cotte, wurde für den Entwurf der Residenz verpflichtet, Joseph Massol für die Ausführung. 1732 begannen die umfangreichen Bauarbeiten. Zehn Jahre später besaß Straßburg ein prächtiges Hôtel (Stadtpalast), ganz im Stil der Hauptstadt, der man zunehmend nacheiferte. Der Palais Rohan wurde Vorbild für andere Bauwerke der Region.

Die Hauptfassade zum Fluss hin ist klar gegliedert: Vier korinthische Säulen tragen den dreieckigen Giebel, an seinen Seiten springt die Fassade leicht vor. Das mit ovalen Fenstern, Kaminen und einer Kuppel gestaltete Dach lockert die sonst strenge Fassade auf. Die schmiedeeisernen Balkone und die Schlusssteine der Fensterfassungen in Form von Masken sind Schmuckelemente. Hinter den hohen Fenstertüren der ersten Etage liegen die fürstbischöflichen Repräsentationsräume, die Grands Appartements.

Die Chambre du Roi ist besonders prunkvoll ausgestattet. Kostbare Gobelins mit Szenen aus dem Leben des römischen Kaisers Konstantin zieren die Wände, sie wurden im 17. Jh. nach Kartons von Peter Paul Rubens gewebt. Zwei Spiegel mit Rokokorahmen vergrößern den Raumop optisch. Die Kopie des Prunkbetts glänzt in rotem Damast. Als Schlafzimmer wurde das Gemach nicht genutzt; dem französischen Hofzeremoniell entsprechend hielt Napoleon Bonaparte hier seine offiziellen Morgenempfänge ab.

Durch weitere prächtige Zimmerfluchten gelangt man in die Bibliothek. Die Bücher werden in Mahagonischränken aus dem 18. Jh. aufbewahrt. An den Wänden hängen weitere Gobelins aus dem Konstantin-Zyklus. Die Porträts der Könige Louis XIV. und Louis XV. sind moderne Kopien der berühmten Gemälde von Hyacinthe Rigaud, dem begabten Porträtisten des Ancien Régime. Als Staatsporträts hingen sie seinerzeit in allen Schlössern Frankreichs.

Heute sind im Palais Rohan drei Museen untergebracht, das Archäologische Museum, das Museum für Kunsthandwerk und das Kunstmuseum. Sie besitzen durchweg hochkarätige Sammlungen, wobei die Präsentation der Bedeutung der Exponate leider nicht gerecht wird. Wegen der mangelhaften museums-

In diesem Himmelbett schlief auch Napoleon

Rauschende Bälle

Rauschende Bälle fanden in den Prunksälen des Palais Rohan statt: 1744 war Louis XV. zu Gast. Auf dem Weg von Wien nach Paris zu ihrer Hochzeit mit dem französischen Kronprinzen übernachtete 1770 Marie-Antoinette in diesen Gemächern. Die Bürger dieser Stadt bereiteten ihrer zukünftigen Königin einen begeisterten Empfang. Später hielt sich Napoleon Bonaparte an der Ill auf, und noch immer bot das Palais den passenden Rahmen für majestätische Empfänge: Gold und Kristall, Stuck und Marmor sorgten für ein Übermaß an Luxus.

pädagogischen Aufbereitung erschließen sich die Ausstellungen Laien vorwiegend über den ästhetischen Aspekt (2, pl. du Château, alle drei Museen; tgl. außer Di 10–18 Uhr; www.musees-strasbourg.org).

Musée Archéologique

Im Kellergeschoss des Schlosses fristet das Archäologische Museum ein vernachlässigtes Dasein: Vom Stoßzahn eines Mammuts bis zum Fürstengrab reichen seine umfangreichen Bestände, die ein Bild der Geschichte des Elsass von der Steinzeit bis in den Zeitraum um 800 n. Chr. entwerfen. Für kaum eine andere Region Frankreichs ist diese Zeit so ausführlich dokumentiert. Zu den ältesten Exponaten aus der

Frühgeschichte gehören Steinwerkzeuge wie Faustkeile und Schaber; Dolche, Lanzenspitzen und Schwerter lassen den Stand der technischen Entwicklung in der Eisenzeit erkennen. Von der keltischen Besiedlung zeugen Beigaben aus einem Fürstengrab, neben Waffen und Goldschmuck auch aus Griechenland importiertes Bronzegeschirr. Zum römischen Nachlass zählen Zeugnisse der Wohnkultur, Grabstelen und Votivsteine, darunter die berühmten Mithrasreliefs aus Mackwiller und Koenigshoffen bei Straßburg. Prunkstücke aus der merowingischen Epoche sind der Helm eines Kriegers aus dem 7. Jh. und ein silberner Brustharnisch, der in einem alemannischen Fürstengrab bei Ittenheim entdeckt wurde. Gedanken darüber, was Archäologen künftiger Generationen freilegen werden, hat sich der 1938 in Straßburg-Neudorf geborene Künstler Raymond Waydelich › **S. 61** gemacht. In einer Vitrine legte er unverwüstliche Relikte der heutigen Zeit aus wie Blechteile, Brillengestelle und einen Katalysator.

Musée des Arts Décoratifs

Das Museum für Kunsthandwerk, das auch die fürstbischöflichen Räume umfasst, ist ein Paradies für Keramik- und Porzellanliebhaber. Charles-François Hannong gründete 1721 seine Fayencemanufaktur mit Werkstätten in Straßburg und Haguenau. Unter ihren Erzeugnissen finden sich ausgefallene Terrinen etwa in der Form eines Wildschweinkopfes oder einer Melone. Das Tafelgeschirr zieren nicht nur die Hannong-typischen Rosen, sondern auch geflammte Tulpen oder Erdbeerranken mit roten Früchten. In den letzten Jahren ihres Bestehens – 1781 musste Joseph Hannong, der Enkel des Firmengründers, die Arbeit einstellen – produzierte die Manufaktur auch Porzellan. Die Kollektionen von Zinngeschirr und Möbeln, kostbare Goldschmiedearbeiten und die Musikinstrumente zeugen von der Schaffenskraft des Straßburger Kunsthandwerks im 18. Jh.

Den Saal der Uhren und Astronomie hat Théodore Ungerer, Ingenieur und Konstrukteur Astronomischer Uhren, begründet. Zu den interessantesten Stücken gehören Originalteile der ersten Astronomischen Uhr des Münsters. Ein automatischer Hahn aus Holz und Eisen sieht mit seinem wilden Kamm und den langen Federn an Schwanz und Flügeln einer modernen Eisenskulptur ähnlich.

Der Straßburger Künstler Tomi Ungerer › **S. 60** sammelte über Jahre hinweg mechanisches Blechspielzeug. Er wolle damit animieren und inspirieren, bemerkte er zu der Kollektion, die er dem Museum großzügig übereignete. Ein Teil der Exponate ist im Musée Tomi Ungerer – Centre International de l'Illustration › **S. 123** zu sehen.

Musée des Beaux-Arts

Das Kunstmuseum im 1. Obergeschoss des Palastes spannt einen Bogen vom späten Mittelalter bis

Das Musée des Arts Décoratifs präsentiert seine Kostbarkeiten im passenden Rahmen

zum 19. Jh. Seine in chronologischer Ordnung präsentierte Gemäldesammlung umfasst italienische, spanische, flämische und französische Maler. Giotto, Botticelli, El Greco, Rubens und Goya sind nur einige der großen Meister. Die heraufdämmernde Moderne repräsentieren Delacroix, Corot und Courbet. Stark vertreten sind Stillleben vorwiegend aus dem 17. und 18. Jh. Ein Publikumsmagnet ist Nicolas de Largillières Bild »La belle Strasbourgeoise« von 1703, jene Dame, die so selbstbewusst unter ihrem ausladenden Hut hervorlächelt. »Die schöne Straßburgerin« nimmt natürlich einen Ehrenplatz ein.

Pont Ste-Madeleine 10 [D4]

Über die Terrasse des Palais Rohan gelangt man vorbei an der Anlegestelle der Ausflugsboote › **S. 43** zum Pont Ste-Madeleine. An dieser Stelle befand sich vermutlich schon zur Römerzeit ein Illübergang. Von der Brücke bietet sich ein **!** besonders schöner Blick auf die ehemalige Residenz der Fürstbischöfe. Die Straßenlaternen und das verschnörkelte Eisengeländer verleihen der Brücke nostalgischen Charme.

Fischmarkt 11 [D4] und Ferkelmarkt 12 [D4]

Nur wenige Schritte vom Palais Rohan entfernt erstrecken sich zwei **!** von historischen Fachwerk- und Renaissancehäusern gesäumte Marktplätze entlang der Ill. Ihre Namen verraten, was dort einst gehandelt wurde: **Place du Marché aux Poissons** (Fischmarkt) und **Place du Marché aux Cochons de Lait** (Ferkelmarkt). Am Samstag finden auf den Plätzen und in den umliegenden Gassen verschiedene Märkte statt › **S. 41**. Von hier bis zur Place des Tripiers (*tripes* = franz. für Innereien) erstreckte sich einst der Marktbereich der Stadt Straßburg, be-

Kaffeepause vor historischer Kulisse auf dem malerischen Ferkelmarkt

gründet durch die Lage an der Ill und den damals üblichen Warentransport auf dem Wasser.

Zwischenstopp: Restaurant

Pfifferbriader ❺ [D4] €€
Bei dem Gebäude, das die rustikale Winstub beherbergt, handelt es sich um die letzte erhaltene jener mittelalterlichen Verkaufsbuden, die einst das Schlachthaus › S. 87 umstanden.
• 9, pl. du Marché aux Cochons de Lait
Tel. 03 88 24 46 56
www.winstublepfiff.com

Shopping

Arts et Collections d'Alsace [D4]
verkauft in elsässischen Betrieben handgefertigte Heimtextilien, Keramik und geschliffenes Glas › Special S. 81.
• 4, pl. du Marché aux Poissons

Rue du Maroquin [D4]

Einen Abstecher lohnt die zum Münsterplatz zurückführende Rue du Maroquin mit ihren malerischen Fassaden. Zwischen den Holzbalken von Haus Nr. 9 leuchten fast schon modern anmutende Muster in Mint und Bleu.

Aus dem 16. Jh. stammen die Schnitzereien des auffallend schief stehenden Hauses Nr. 29. Damals hämmerten die Schuster in dieser Straße, die nie ein stilles Plätzchen gewesen ist. Auf ihre Zunft spielt auch der Name der Straße an: Maroquin ist die Bezeichnung für ein besonders hochwertiges, u. a. zur Schuhherstellung verwendetes Leder, das ursprünglich aus der Haut marokkanischer Ziegen gewonnen wurde.

Zwischenstopp: Restaurant

Au Bon Vivant ❻ [D4] €€
Deftige elsässische Spezialitäten und Köstlichkeiten wie Entenbrust mit Schattenmorellen rechtfertigen den Namen dieses Lokals.
• 7, rue du Maroquin
Tel. 03 88 32 77 81
aubonvivant.alsace.free.fr
Do abends und Fr geschl.

Grande Boucherie [D4]

Turbulent wie auf den nahen Markt-plätzen ging es auch auf der Place de la Grande Boucherie zu. Die massiv gebaute Grande Boucherie (Große Metzig) diente fast drei Jahrhunderte als Schlachthaus und Verkaufshalle für Fleisch. Die halbrunden Torbögen des Gebäudes liegen zur Straße hin, über dem ersten Stock erhebt sich das steile Dach mit mehreren Reihen Dachgauben. In dem 1587 fertiggestellten Renaissancebau zeigt heute das Historische Museum seine vielfältigen Exponate zur Stadtgeschichte. Besonders eindrucksvoll ist das 11 m × 7 m große Stadtmodell von 1727 (2, rue du Vieux Marché aux Poissons, Di–Fr 12–18, Sa, So 10–18 Uhr; www.musees-strasbourg.org).

Rue du Vieux Marché aux Poissons [D4]

An der Place de la Grande Boucherie beginnt die Rue du Vieux Marché aux Poissons; hier wohnte hinter der Fachwerkfassade des **Hauses Nr. 36** [D4] von 1770 bis 1771 der Student der Rechtswissenschaft Johann Wolfgang Goethe. Zwischen den braunen Holzbalken wurde ein Medaillon mit dem Porträt des Dichters angebracht. Den Mittagstisch nahm Goethe damals in einer kleinen Pension in der nahe gelegenen Rue de l'Aïl ein, in der sich noch heute einige Esslokale befinden. Hier lernte er u. a. Jakob Michael Reinhold Lenz kennen, den neben Goethe wichtigsten Dichter der Sturm-und-Drang-Periode.

> **! Erst-
> klassig**

Die schönsten Fachwerkensembles

- Die liebevoll restaurierte **Maison Kammerzell** › S. 76 an der Place de la Cathédrale stiehlt mit ihrem überbordenden Schnitzschmuck an Fenstern und Eckpfosten sogar dem Münster die Schau.
- Fachwerkbauten aus drei Jahrhunderten säumen die kopfsteingepflasterte **Place du Marché Gayot** › S. 78. Mehrere Cafés und Restaurants haben hier ihre Tische aufgestellt.
- Auf der verträumten **Place St-Etienne** › S. 78 sind besondere Schmuckstücke die Renaissance-Häuser Nr. 11 und Nr. 12.
- Am bezaubernden **Ferkelmarkt** › S. 85 ist die historische Fachwerkbebauung noch fast geschlossen erhalten; eines der Häuser besitzt im ersten und zweiten Stock sogar noch seine alten Holzgalerien.
- In der schmalen **Rue des Tonneliers** › S. 88 und ihren Seitengassen fühlt man sich in ein Handwerkerviertel des 16. Jhs. zurückversetzt, über den Türen findet man oft noch die alten Hauszeichen (z. B. am Haus Nr. 23 die Taube). Die Straße öffnet sich zur malerischen **Place des Tripiers** mit weiteren Fachwerkjuwelen.
- Ihren absoluten Höhepunkt erreicht die Fachwerkromantik in der **Petite France** › S. 91.

Wenige Häuser weiter nördlich, in **Nr. 52,** kam 1886 der Bildhauer und Dichter Hans Arp › **S. 61** zur Welt. Die hübsche Place des Tripiers mit ihren Holzbänken unter Kirschbäumen bietet sich für eine Pause an. Die Dächer der den Platz umgebenden Häuser sind teilweise vor Altersschwäche eingesackt.

Shopping

Boutiquen der großen Couturiers verleihen der Rue du Vieux Marché aux Poissons mondänes Flair. Für exklusive Prêt-à-porter-Mode aus hochwertigen Materialien steht der Name **Georges**

Das Gutenbergdenkmal auf dem gleichnamigen Platz

Rech (Nr. 52); Urbanität und schlichte Eleganz kennzeichnen die Mode des Spaniers **Adolfo Dominguez** (Nr. 30). **Oliver Grant** (Nr. 33) kreiert edel-lässige Business-Mode, besonders gefragt sind seine Hemden und Anzüge. **Aigle International** (Nr. 26) vertreibt ausgewählte Topmarken für Sport- und Freizeitbekleidung. Lederwaren und Reisegepäck von führenden Herstellern sowie aus eigener Produktion bietet die Traditionsfirma **Gsell** (Nr. 20).

Ancienne Douane **15** [D4]

Zurück zum Illufer geht es nun über die parallel verlaufende **Rue des Tonneliers,** die mit bunten Fahnen beflaggt ist. Sie tragen die Zeichen der Böttcher, nach denen das Sträßchen benannt ist. **!** Schiefe Fachwerkgiebel neigen sich über die Gasse.

In der Rue de la Douane stößt man auf die schlichte Vorderseite des ehemaligen Zollgebäudes, der Ancienne Douane. Hinter ihren breiten Arkaden wurden im 14. Jh. die zollpflichtigen Güter gelagert. An der Wasserseite befand sich der Illhafen, der Lebensnerv der Stadt, die am Handel auf Ill und Rhein gut verdiente.

Zwischenstopp: Restaurants

La Cloche à Fromages 7 [D4] €−€€ Spezialität sind Fleisch- und Fischgerichte mit Rohmilchkäse, der im Ladengeschäft Fromagerie des Tonneliers › **S. 41** vis-à-vis auch verkauft wird. Blickfang ist eine fast 2 m hohe und 800 kg schwere Käseglocke.
• 27, rue des Tonneliers
  Tel. 03 88 23 13 19
  www.fromagerie-tourrette.com

Ancienne Douane 8 [D4] €–€€
Das ehemalige Zollgebäude beherbergt heute ein Restaurant, auf dessen Speisekarte traditionelle Gerichte wie Sauerkraut, Presskopf und Baeckeoffe stehen. Von der hölzernen Terrasse genießt man einen schönen Blick über die Ill.
• 6, rue de la Douane
  Tel. 03 88 15 78 78
  www.anciennedouane.fr

Petite France

Verlauf: Place Gutenberg › **St-Thomas** › **La Petite France** › **Ponts Couverts** › **Barrage Vauban** › **Musée d'Art Moderne et Contemporain** › **Grand'Rue**

Karte: Seite 96
Distanz/Dauer: 3,5 km, 1,5 Std.
(ohne Museumsbesuche)
Praktische Hinweise:
Start- und Endpunkt der Tour ist die Haltestelle Langstross/Grand' Rue (Tram A und D).

• Man unternimmt den Rundgang am besten am späten Nachmittag oder frühen Abend – gegen Sonnenuntergang lässt das Gedränge in den Gassen nach und das Gerberviertel präsentiert sich besonders stimmungsvoll.
• Wer die Kirche St-Thomas während eines Gottesdienstes (die Zeiten sind am Portal angeschlagen) besucht, kommt mit einiger Wahrscheinlichkeit in den Genuss einer Hörprobe auf der berühmten Silbermannorgel, auf der bereits Wolfgang Amadeus Mozart spielte.

Tour-Start: **Place Gutenberg** [C–D4]

Hochbetrieb herrscht auf dem großzügig angelegten Platz, an dem sich die Hauptachsen des Zentrums kreuzen. 1840 setzte die Stadt hier dem Meister der Buchdruckerkunst ein Denkmal. Johannes Gutenberg hatte ab 1434 einige Jahre in Straßburg an seiner Erfindung gearbeitet, ehe er in seine Geburtsstadt Mainz zurückkehrte › **S. 58**. Nach Meinung einiger Forscher soll Gutenberg in Straßburg 1440 die erste Druckerpresse eingerichtet haben.

Dominiert wird der Platz von der **Chambre de Commerce 16** [C4], einem eindrucksvollen Renaissancebau, der 1585 als Rathaus der Freien Reichsstadt errichtet wurde. Typisch für den lokalen Baustil ist das hohe steile Dach mit den drei Reihen Fenstergauben. Die Fassade durchbrechen auffallend große Fenster, getrennt von ionischen und korinthischen Pilastern. Während der Französischen Revolution gestürmt, ist das Gebäude heute Sitz der Industrie- und Handelskammer des Département Bas-Rhin.

St-Thomas 17 [C4]

Über die Rue des Serruriers gelangt man zur Thomaskirche: Die »Nummer zwei« der Straßburger Kirchen braucht sich hinter dem Münster nicht zu verstecken. Architektonisch ist das romanisch-gotische Gotteshaus zwar weniger spektakulär als die Kathedrale, sein Inneres birgt aber herausragende Kunstwerke, insbesondere Grabmäler. Der wuchtige Sandsteinbau wurde seit

Zur Ausstattung von St-Thomas gehört eine historische Silbermannorgel

dem 13. Jh. immer wieder erweitert und aufgestockt. Über dem Westportal, dem ältesten noch erhaltenen Teil, erhebt sich der 40 m hohe Glockenturm. Noch höher ist der achteckige Turm über der Vierung der fünfschiffigen Hallenkirche.

Im Innern wird der Blick vom kolossalen Grabmal des Marschalls Moritz von Sachsen angezogen. Auf Wunsch von König Louis XV. sollte dem siegreichen Feldherrn ein Denkmal gesetzt werden – den Auftrag bekam Jean-Baptiste Pigalle. Angesichts der enormen Dimension und der lebhaften Komposition verwundert es nicht, dass der königliche Bildhauer 23 Jahre an seinem Meisterwerk arbeitete. Der Generalfeldmarschall der französischen Armee steigt würdevoll zu seinem Grab hinab, während das personifizierte Frankreich ihn verzweifelt zurückzuhalten versucht. Der Tod hat bereits den Sargdeckel geöffnet. Moritz von Sachsen fiel

SEITENBLICK

Silbermannorgel

Musikliebhaber werden sich für den Klang der Orgel von St-Thomas begeistern. Der berühmte Orgelbauer Johann-Andreas Silbermann, dessen Familie im 18. Jh. aus dem Erzgebirge ins Elsass eingewandert war, fertigte das prachtvolle Instrument im Jahre 1741. Kein geringerer als Wolfgang Amadeus Mozart gab darauf ein Gastspiel. »Ich habe auf der hier besten Orgel von Silbermann öffentlich gespielt«, schrieb er seinem Vater und lobte die Klangfülle und Weichheit des Tons. Alljährlich am 28. Juli, dem Todestag von Johann Sebastian Bach, findet ein Konzert statt. Diese Tradition rief Albert Schweitzer bereits 1909 ins Leben, um Geld für sein Urwaldhospital im afrikanischen Lambarene zu sammeln. Die Termine der Kirchenkonzerte sind am Eingang angeschlagen, können aber auch beim Office de Tourisme erfragt werden.

nicht im Krieg, er starb 1750 an einer Lungenentzündung. Ursprünglich sollte er in der königlichen Grablege in St-Denis in Paris beigesetzt werden, doch schien der »Protestant, Ausländer und Bastard« im fernen Straßburg besser aufgehoben. Zur Aufstellung des Grabmals wurden 1777 die farbigen Chorfenster von St-Thomas zugemauert. Im Musée de l'Œuvre Notre-Dame › **S. 74** sind einige der kostbaren Scheiben aus dem Jahr 1260 zu sehen.

Sehenswert ist weiterhin der **Sarkophag des Bischofs Adeloch,** der 820 die erste Thomaskirche aus Holz in Auftrag gegeben haben soll. Im 7. Jh. hatte der hl. Florentius aus Schottland an dieser Stelle ein Kloster gegründet. Mehrere Großbrände vernichteten alle Relikte aus dieser frühen Zeit. Der jetzige Bau entstand zwischen dem 12. und 16. Jh.

Im Zuge der Reformation wurde St-Thomas im Jahre 1524 evangelisch. Nachdem Louis XIV. das Münster den Katholiken zurückgegeben hatte, überließ er St-Thomas den Lutheranern.

Das der Kirche benachbarte Thomasstift war bis zum Umzug in den Palais Universitaire ★ Ende des 19. Jhs. Sitz der Hochschule von Straßburg, an der auch Goethe zeitweilig studierte. Heute ist hier das Evangelisch-theologische Seminar untergebracht (Pl. St-Thomas, Febr. tgl. 14–17, März und Nov./Dez. 10 bis 17, sonst bis 18 Uhr, So vormittag nur für Gottesdienstbesucher; im Jan. geschl.; www.fondation-saint-thomas.fr).

Petite France ★ [B4]

Weshalb der Besucherandrang im ehemaligen Viertel der Gerber und Müller so groß ist, wird spätestens beim malerischen Blick vom Pont St-Martin aus klar. Schon das Spiegelbild der blumengeschmückten Fachwerkhäuser im dunklen Wasser der Ill versetzt Fotoamateure in Entzücken.

Ohne jede Einschränkung kann diese Ecke der Stadt mit ihren engen Gassen, verschachtelten Innenhöfen, hölzernen Galerien, alten Mühlen und Brücken als malerisch bezeichnet werden. Nicht zuletzt ist dies der Verdienst jener Denkmalpfleger, die sich für die Rekonstruktion der vorwiegend im 16. und 17. Jh. erbauten Häuser eingesetzt haben.

Natürlich waren die Holzbauten ständig durch Feuer bedroht. Aus diesem Grund gab man ab dem 18. Jh. mehr und mehr dem Backstein als Baumaterial den Vorzug. Typisch für das Straßburger Fachwerk sind die geschnitzten Verzierungen, die Überhänge mit Galerien und die kleinen Erker. In den offenen Dachböden trockneten die Gerber Tierhäute.

Manche Häuser sind liebevoll verziert, so das **Haus des Gerbers Hans Schenk** (10, rue des Dentelles) mit kleinen Säulen an den Fenstern und Eierstabfriesen. Gegenüber stützen in der **Cour de Rathsamhausen** toskanische Säulen die Arkadengänge im ersten Stock. Im Keller des Hofs werden gelegentlich Weinproben angeboten. **!** Fachwerkschönheiten säumen auch die

Rue du Bain aux Plantes, die Schlagader der Petite France.

Beim Bummel durch das für den Autoverkehr gesperrte Viertel landet fast jeder irgendwann auf der **Place Benjamin Zix** 18 [C4]. Hauptattraktion am Platz ist die **Maison des Tanneurs**. Die 1572 erbaute Gerberstub mit dem verwinkelten Dach und der zweistöckigen Galerie zur Flussseite hin bildet ein beliebtes Fotomotiv.

Zwischenstopp: Restaurants

Maison des Tanneurs 9 [C4] €€
Die Maison des Tanneurs beherbergt heute ein Restaurant, das vor allem für seine Sauerkrautgerichte bekannt ist. Selbst Einheimische buchen hier. Von den Plätzen am Fenster genießt man einen schönen Blick auf die Ill.
- 42 Rue du Bain aux Plantes
  Tel. 03 88 32 79 70
  www.maison-des-tanneurs.com
  So/Mo geschl.

Lohkäs 10 [C4] €€
Hier gehören Kalbsnieren in Senfsauce und Salat mit warmem Münsterkäse zu den Spezialitäten, an den Wänden reihen sich Flaschen mit elsässischem Eau de Vie.
- 25, rue du Bain aux Plantes
  Tel. 03 88 32 05 26
  www.lohkas.com

Shopping

Das ganze Jahr über Weihnachten ist bei **Un Noël en Alsace,** 10, rue des Dentelles. Das Angebot an Christbaumanhängern und Dekorationsartikeln reicht von Kitsch bis Kunst (www.noelenalsace.fr).
50 Dinge 34 › S. 16.

Ponts Couverts 19 ⭐ [B4] und Barrage Vauban 20 [B4]

Einst sollen Musiker in den Ästen der jahrhundertealten Platanen gespielt haben, die am Quai de la Bruche nahe den **Ponts Couverts** stehen. Unter dem dichten Blätterdach stellen im Sommer drei Restaurants ihre Tische direkt am Wasser auf. Im Mittelalter wurde am Eintritt der Ill in das Stadtgebiet eine ausgeklügelte Verteidigungsanlage errichtet. Zu dieser gehörten die »Gedeckten Brücken«.

Die Übergänge über die Illarme bestanden ursprünglich aus Holz und waren überdacht, um das dort gelagerte Schießpulver vor Wind und Wetter zu schützen. Im 19. Jh. wurden sie erneuert, diesmal aus Stein und ohne Dächer. Die Öffnungen für die Kanonen sind noch in den Kaimauern zu erkennen. Erhalten blieben die trutzigen Wachtürme aus dem 13. Jh. Damit noch nicht genug: Im 17. Jh. ergänzte der Militärarchitekt des Sonnenkönigs, Marschall Vauban, die Befestigung durch eine massive Sperrmauer im Fluss. Mittels Falltüren in der **Barrage Vauban** konnte der Fluss abgeriegelt und Teile des Verteidigungsrings um die Stadt geflutet werden. All diese technischen Raffinessen boten jedoch im Deutsch-Französischen Krieg keinen ausreichenden Schutz: Während der Kämpfe von 1870/71 durchbrachen die preußischen Truppen den Abwehrriegel.

1967 wurde auf dem Dach des Vauban-Wehrs eine Aussichtsterrasse angelegt, zu der 60 Stufen hin-

SPECIAL

Fachwerkarchitektur

Bei allen Straßburger Fachwerkbauten sind süddeutsche Einflüsse unverkennbar. Zur Zeit ihrer Erbauung gehörte die Stadt zum Deutschen Reich, die Zimmerleute kamen aus dem Oberrheingebiet. Bei französischen Fachwerkbauten, z. B. in der Champagne oder der Normandie, sind die senkrechten Ständer dünner und stehen dichter beieinander. In Süddeutschland verbreitete Fachwerkfiguren wie das geschweifte Andreaskreuz sind hier unbekannt.

Die Fassaden entstanden durch die spezifische Technik des Holzbaus: Der Zimmermann stellte zunächst ein Skelett aus stabilen Balken auf. Auf massiven, waagerechten Schwellen wurden Pfosten oder Säulen angebracht. Ein Rahmen, der die Deckenbalken trug, schloss das jeweilige Stockwerk ab. Schräg zwischen Rahmen und Schwellenkranz verlaufende Streben verliehen dem Gerüst zusätzliche Festigkeit. Abschließend mussten die Zwischenräume zwischen den Balken verfacht, d. h. mit nichttragendem Material gefüllt werden. Man verwendete dazu eine Mischung aus Tierhaaren, Strohhäcksel und manchmal auch Brocken von Vogesensandstein. Für die Fachwerkhäuser in der Petite France mussten zudem die typischen Trockengalerien, die oft zur Ill hin ausgerichtet waren, konstruiert werden. Unter den mit Biberschwanzziegeln gedeckten Dächern lagen die Lederhäute zum Trocknen aus. Nicht alle Galerien blieben bei den Rekonstruktionsarbeiten erhalten.

Einige der ältesten und am besten erhaltenen Fachwerkhäuser Straßburgs stehen im Münsterviertel, darunter schlichte Bürgerhäuser, aber auch aufwendig verzierte Gebäude wie die Maison Kammerzell. Selbst in Dörfern wie Obernai sind die Balken der Häuser oft mit Schnitzereien verziert. Der Begriff Fachwerk stammt übrigens aus dem Mittelhochdeutschen: »vach« bedeutet so viel wie Flechtwerk oder Wandbalken.

Postkartenreife Ansichten

....

- Der Aufstieg zum **Münsterturm** › S. 74 ist zwar schweißtreibend, doch oben angelangt, kann man vom Dächermeer der Altstadt bis zu den Hochhaustürmen der Peripherie die Phasen der Stadtentwicklung nachvollziehen.
- Vom **Pont Ste-Madeleine** › S. 85 bietet sich ein wunderschöner Blick auf die zur Ill hin ausgerichtete repräsentative Hauptfassade des Palais Rohan.
- Die große Terrasse des Art Café › S. 95 im **Musée d'Art Moderne et Contemporain** eröffnet ein Altstadtpanorama, das bei Sonnenuntergang oder bei nächtlicher Beleuchtung besonders reizvoll ist.
- Das **Kaufhaus Printemps** an der Place de l'Homme de Fer (Ecke Rue de la Haute Montée/Rue du Noyer, Mo–Sa 9–20 Uhr) besitzt im 8. Stock ein Restaurant mit Terrasse. Hier kann man bei einer Tasse Kaffee entspannen, während der Blick über das gesamte Stadtzentrum bis zum Münster schweift. **50 Dinge** ㉙ › S. 15.
- Am **Quai des Pêcheurs** liegen zwei zu Café-Bars umfunktionierte ehemalige Schleppschiffe Umspielt von leise gurgelndem Wasser schlürft man auf dem Deck seinen Kaffee mit Blick auf die imposante Kirche St-Paul bzw. den fachwerkgesäumten Illkai › S. 130.

aufführen. Hat man sie erklommen, bietet sich ein bezaubernder Blick über La Petite France und die Innenstadt: Auf den Illkanälen schwimmen Schwäne und dümpeln Schiffe, eingerahmt von den Ponts Couverts mit ihren drei Türmen. Dahinter schauen die fein herausgeputzten Fachwerkzeilen und die Kirchtürme von St-Thomas hervor. Über allem thront majestätisch das Münster. Am Nationalfeiertag im Juli, wenn über der Stadt unter Kanonendonner und Böllerschüssen ein riesiges Feuerwerk abbrennt, ist die Terrasse ein Logenplatz.

Restaurants

Am Quai de la Bruche [B4] nahe den Ponts Couverts gibt es unmittelbar neben dem romantischen Restaurant **Au Petit Bois Vert** › S. 38 noch zwei weitere Restaurants mit schönen Terrassen zum Fluss hin: die in einem Fachwerkhaus untergebrachte **Taverne du Quai** (Nr. 5, taverneduquai.com) und das **Au Fantassin** (Nr. 4).

Musée d'Art Moderne et Contemporain ㉑ ⭐ [B4]

Durch das Untergeschoss der Barrage Vauban erreicht man das linke Illufer, wo die staatliche Elitehochschule ENA › S. 51 1994 in das ehemalige Gefängnis einzog. Südwestlich davon wurde 1998 das Museum für moderne Kunst eröffnet, ein avantgardistischer Bau des Pariser Architekten Adrien Fainsilber. Die verglaste Galerie entlang der Ill, die an das Schiff einer gotischen Kathedrale erinnert, nimmt

Rodins »Denker« im Museum für moderne Kunst

genauso wie der rötliche Granit der Ausstellungshallen Bezug auf das Münster.

Das Museum bietet 5000 m² Ausstellungsfläche. Die Exponate sollen einen chronologischen Überblick über die Entwicklung der Formen und Ideen von den Anfängen der Fotografie und dem frühen Impressionismus bis zur Gegenwart verschaffen. **50 Dinge** ③⓪ › **S. 15.**

Der moderne Teil beginnt um 1870 mit Gemälden des Straßburger Künstlers Gustav Doré. Vertreten sind weiterhin Monet, Gauguin, Rodin, Picasso, Max Ernst und Kandinsky. Eigene Räume wurden Hans Arp und seinem künstlerischen Umfeld gewidmet. Die Gegenwartskunst repräsentieren u. a. A. R. Penck, Jörg Immendorf, Markus Lüpertz und Georg Baselitz. Das graphische Kabinett, eine fotografische Sammlung und wechselnde Sonderausstellungen zeitgenössischer Kunst runden das Museumsprogramm ab (Di–So 10–18 Uhr; www.musees-strasbourg.org).

Zwischenstopp: Restaurant
Art Café ⑪ [B4] €€
Besonders am Abend genießt man von der Panoramaterrasse einen ❗ fantastischen Ausblick auf die angestrahlte Kulisse der Altstadt mit dem Münster. Auf der Speisekarte des Museumscafés finden sich nicht nur leckere Zitronentarte oder köstlicher Schokoladenkuchen, sondern auch Gerichte, die nach Künstlern benannt und originell angerichtet werden.

- 1, pl. Hans-Jean Arp
  Tel. 03 88 22 18 88
  So abend und Mo geschl.

Grand'Rue ㉒ [B–C4]
Über den Quai de la Petite France und eine alte Drehbrücke, den **Pont**

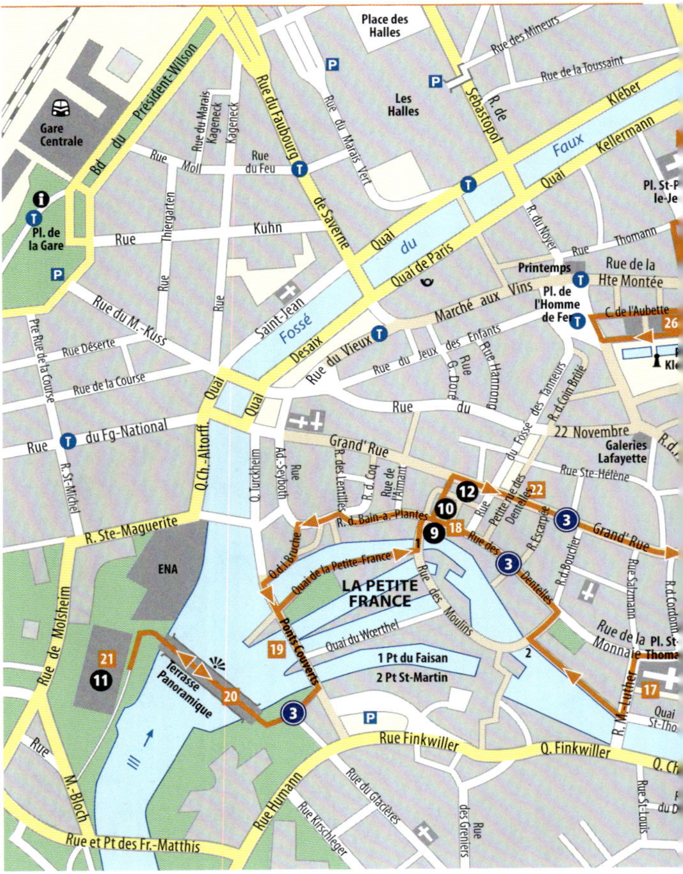

du Faisan, gelangt man durch die Petite France zurück in den Stadtkern. Er wird in Ost-West-Richtung von der Grand'Rue durchquert, heute eine Fußgängerzone. Die »Langstross« ist einer der ältesten Wege Straßburgs: Zur Römerzeit führte sie direkt ins Castrum. Inzwischen sind arabische Lokale ins mittelalterliche Fachwerk, schicke Boutiquen hinter klassizistische Fassaden und Feinkostläden unter schmiedeeiserne Balkone eingezogen. ❗ Zwischen Döner, Dessous und Trödel herrscht beinahe Basaratmosphäre. Viele Nordafrikaner betreiben hier ihre Geschäfte.

Der Weg durch die Grand'Rue führt vorbei an Häusern unterschiedlicher Bauepochen: Vom Mittelalter über die Renaissance bis zum 19. Jh. spiegeln die Fassaden der Wohn- und Gewerbebauten den jeweils typischen Stil ihrer Zeit wi-

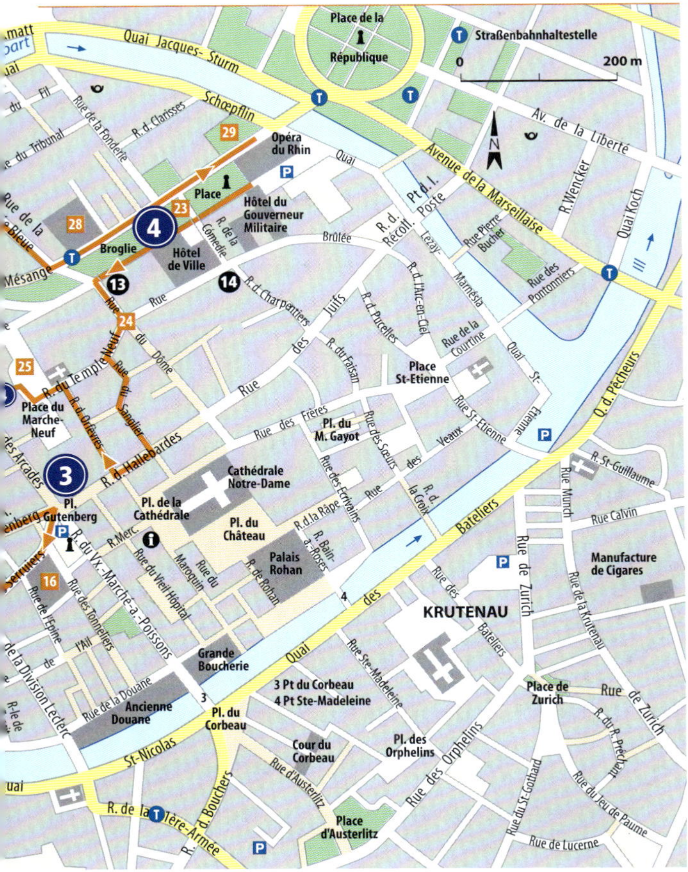

The map shows the Altstadt (old town) of Strasbourg with numerous labeled streets, squares, and points of interest including:

Place de la République, Quai Jacques-Sturm, Schœpflin, Opéra du Rhin, Hôtel du Gouverneur Militaire, Place Broglie, Hôtel de Ville, Avenue de la Marseillaise, Place du Marché-Neuf, Place St-Etienne, Pl. du M. Gayot, Cathédrale Notre-Dame, Pl. de la Cathédrale, Pl. du Château, Palais Rohan, Pl. Gutenberg, KRUTENAU, Manufacture de Cigares, Place de Zurich, Grande Boucherie, 3 Pt du Corbeau, 4 Pt Ste-Madeleine, Ancienne Douane, Pl. du Corbeau, Cour du Corbeau, Pl. des Orphelins, Place d'Austerlitz, St-Nicolas.

Straßenbahnhaltestelle

0   200 m

Touren in der Altstadt auf der Illinsel

Tour ③

Petite France

16 Chambre de Commerce
17 St-Thomas
18 Place Benjamin Zix
19 Ponts Couverts
20 Barrage Vauban
21 Musée d'Art Moderne et Contemporain
22 Grand'Rue

Tour ④

Französisches Viertel

23 Place Broglie
24 Rue du Dôme
25 Temple Neuf
26 Aubette
27 St-Pierre-le-Jeune (protestant)
28 Banque de France
29 Aquéduc de Janus

der. Es lohnt sich, einen Blick in die Seitengassen, Passagen und Innenhöfe zu werfen. In dem schmalen Durchgang von Nr. 49 gibt es zwei aufwendige Fachwerktreppenhäuser mit Balustraden zu entdecken.

Barock und monumental wirkt der **Hof des Händlers Ferrier** von 1790 (Nr. 79). Klassizistische Kunstschmiedearbeiten schmücken die hohen Fenster. Straßburger Rokoko zeigen die Häuser **Zum Bock** (Nr. 96) und **Zu den Geißen** (Nr. 98). Im Patrizierhaus Nr. 120 aus dem 16. Jh. wohnten reiche Bankiers- und Kaufmannsfamilien. Das Bürgerhaus gegenüber (Nr. 101) mit Treppengiebel und Erker stammt aus dem Jahr 1587.

Zwischenstopp: Restaurant

Salon de Thé Grand'Rue ⓬ [C4] €
Familiäre Teestube mit Wohnzimmeratmosphäre und köstlichen hausgemachten Kuchen.
• 80 Grand'Rue
Tel. 03 88 32 12 70
www.salondethegrandrue.fr
So geschl.

Shopping

Süßschnäbel lockt bestimmt **Glup's** (Grand'Rue Nr. 71) mit seinem bunten zuckrigen Naschwerk. **Compagnie des Petits** (Nr. 107; www.lacompagniedes petits.fr) bietet farbenfrohe, unkomplizierte Kindermode, **L'Œillade** (Nr. 116) Spielzeug und Dekoratives fürs Kinderzimmer. Coole Streetwear mit passenden Schuhen und Accessoires findet man bei **Goodvibes** (Nr. 66; www. goodvibes.fr).

Französisches Viertel

Verlauf: Place Broglie › Rue du Dôme › Rue des Orfèvres › Rue des Grandes Arcades › Place Kléber › Place de l'Homme de Fer › St-Pierre-le-Jeune (protestant) › Banque de France › Aquéduc de Janus

Karte: Seite 96
Distanz/Dauer: 3,5 km, 2 Std. (ohne Museumsbesuche)
Praktische Hinweise:
• Start- und Endpunkt der Tour ist die Tramhaltestelle Place Broglie (Tram B und C).
• Jeden Mittwoch und Freitag findet auf der Place Broglie ein Wochenmarkt › S. 41 statt, im Dezember ein stimmungsvoller Weihnachtsmarkt › S. 103.
• Auf dem Markt oder in den Delikatessengeschäften der Rue des Orfèvres kann man sich einen Gourmetimbiss besorgen und diesen am Ende der Tour im Kreuzgang von St-Pierre-le-Jeune oder am Janusbrunnen in aller Ruhe verzehren.

Tour-Start:
Place Broglie 23 ⭐ [D3]

Die Place Broglie diente früher als Turnier- und Paradeplatz sowie als Pferdemarkt. Heute finden [!] zwischen den Platanenreihen ein bunter Wochenmarkt und der Weihnachtsmarkt im Dezember statt. Sein heutiges Aussehen erhielt der lang gestreckte Platz im Jahr 1740, als Marschall Broglie, damals Gouverneur des Elsass, ihn zu einer Promenade umgestalten und mit Bäumen bepflanzen ließ. Repräsentative Stadtpaläste in einer Mischung aus Louis XV.-Stil und Straßburger Bautraditionen flankieren ihn.

Die größeren Gebäude liegen mit ihrer Gartenseite an der Place Broglie, die Hauptfassaden öffnen sich zum Hof und grenzen an die umliegenden Straßen.

Hôtel de Ville

So präsentiert auch das Rathaus dem Platz seine Rückfront mit nur zurückhaltendem Baudekor. Robert de Cotte (Palais Rohan) und Joseph Massol entwarfen das Palais 1731 für den Grafen von Hanau-Lichtenberg, der im Elsass Ländereien besaß. Von 1805 bis 1976 waren hier Teile der Stadtverwaltung untergebracht. In den Repräsentationsräumen der Beletage empfängt der Bürgermeister heute offizielle Gäste.

Die Prachtseite des Alten Rathauses in der Rue Brûlée Nr. 9 erin-

Platanen auf der Place Broglie

nert an den Palais Rohan. Den repräsentativen Mittelbau flankieren zwei Pavillons, rote Fensterfassungen heben sich von den weißen

SEITENBLICK

Hôtels nach Pariser Vorbild

Als Straßburg 1681 vor der Armee des Sonnenkönigs kapitulierte und seine Herrschaft offiziell anerkannte, verlor es seinen Status als Freie Reichsstadt. Nach und nach setzte sich im Lauf der folgenden Jahre der französische Zentralismus durch. Straßburg wurde zur Provinzhauptstadt des Elsass, gewann jedoch dank seiner grenznahen Lage an militärischer Bedeutung. Würdenträger und Adelige aus betuchten Familien Frankreichs ließen sich hier nieder. Sie brachten ihre Kultur und Lebensart mit in die neue Ostprovinz. Abzulesen ist dies noch heute an der Architektur. Hôtels wurden nach dem damals zeitgenössischen Vorbild in der Metropole, herrschaftliche Gebäude in prächtigem Rokoko errichtet. Neben dem altersschiefen Fachwerk in der Petite France entstand nun ein wirklich französisch geprägtes Viertel zwischen dem Münster, der Place Broglie und der Place Kléber.

Mauern ab. Faungesichter schmücken die Galerie. Die Eingänge zu den luxuriös ausgestatteten Sälen für offizielle Empfänge liegen zum Hof hin. Diese Räume sind nur an Tagen der offenen Tür zu besichtigen (Termine beim Office de Tourisme › S. 153).

Hôtel du Gouverneur Militaire

Unspektakulär, doch mit Eleganz präsentiert sich der Verwaltungssitz, auch Hôtel des Deux Ponts (Zweibrücker Hof) genannt. Dieses jüngste Stadtpalais aus dem 18. Jh. ist heute Sitz des Militärgouverneurs. An der Hauptfassade in der Rue Brûlée Nr. 13 wurde nicht mit schmückenden Details gespart. Der Wittelsbacher Herzog Maximilian von Zweibrücken erwarb das Hôtel 1771. Hier wurde sein Sohn, der spätere König Ludwig I. von Bayern geboren.

Opéra du Rhin

Die neoklassizistische Fassade der Oper schließt die Stirnseite des Platzes im Osten ab. Sechs Musen bekrönen die Kolonnade, deren Säulen elegante Volutenkapitelle tragen. Das ursprünglich von Stadtarchitekt Villot errichtete Theater wurde von 1872–75 nach einem Brand neu aufgebaut und 1888 erweitert. Rund 1400 Musikfreunde finden nun in dem sehr festlich wirkenden Haus Platz (Kurzentschlossene können an der Theaterkasse Mo–Fr 11–18, Sa bis 16 Uhr und 1 Std. vor Vorstellungsbeginn noch Eintrittskarten erwerben › S. 45).

Der hohe **Obelisk** vor der Oper erinnert an Général Leclerc. Unter seinem Kommando befreite eine französische Panzerdivision Straßburg im November 1944 von den Deutschen. Von der Terrasse des Operncafés › S. 38, S. 115 bietet sich ein schöner Blick auf den Platz.

Die Marseillaise

Schon die Generalprobe im Freundeskreis in der Nacht vom 24. zum 25. April 1792 an der Place Broglie, kurz nach der Kriegserklärung an Österreich, begeisterte angeblich die Zuhörer. Zum Einsatz kam das Kampflied am 30. Juli 1792, als ein Freiwilligenbataillon aus Marseille zur Unterstützung der Revolution singend in Paris einmarschierte – daher der Name »Marseillaise«. Es hatte zunächst den Titel »Chant de guerre pour l'armée du Rhin« (Kriegslied für die Rheinarmee), und war dem Oberbefehlshaber und Gouverneur von Straßburg Graf Luckner gewidmet. Daher ertönt es täglich um 12.05 Uhr vom Glockenspiel auf dem Marktplatz in Cham in der Oberpfalz, dem Geburtsort des Grafen. Schon früh erhoben sich nationalistische Stimmen, die die Urheberschaft des französischen Stabsoffiziers Claude Joseph Rouget de Lisle für die Marseillaise bestritten; man schrieb das Lied einem deutschen Komponisten oder alter deutscher Überlieferung zu. Diese Behauptungen konnten jedoch überzeugend widerlegt werden – die Marseillaise ist und bleibt französisch!

Festlicher Rahmen für musikalische Höhenflüge: die Opéra du Rhin

Zwischenstopp: Restaurants

Café Broglie ⑬ [D3] €

Hier kann man vor dem Rundgang frühstücken und dabei an ❗ Wochenmarkttagen (Mi, Fr) dem geschäftigen Treiben der Händler und Käufer zusehen.
• 1, rue du Dôme | Tel. 03 88 32 08 08 www.broglie.fr | So geschl.

La Petite Mairie ⑭ [D3] €–€€

Die Rathausangestellten speisen gern in der Winstub. Das Lokal ist recht klein, die Auswahl auf der Speisekarte dafür umso größer.
• 8, rue Brûlée | Tel. 03 88 32 83 06 Sa/So geschl.

Rue du Dôme 24 [D3–4]

Von der Place Broglie zweigt in südlicher Richtung die Rue du Dôme ab, die nicht nur als Einkaufsmeile › S. 40, sondern auch architektonisch interessant ist. Einige der herrschaftlichen Häuser aus dem 18. Jh., die reichen Händlern, Goldschmieden und Baumeistern gehörten, wurden inzwischen restauriert.

Die Fassaden der Häuser Nr. 17 und Nr. 18 repräsentieren das Straßburger Rokoko. Von jedem der sehr hohen Fenster blickt ein in Stein gemeißeltes Gesicht hinab, verschnörkelte Eisengeländer zieren Fensterbänke und Balkone. Das Haus Nr. 8 hat der Architekt des Bischofs, der Pariser François Pinot, 1791 für einen Domherrn gebaut.

Rue des Orfèvres ⭐ 8 [D4]

Wer weiter dem Kaufrausch frönen möchte, biegt von der Rue du Dôme sofort wieder rechts in die Rue du Temple Neuf und von dort nach links in die Rue du Sanglier ab, läuft weiter bis zur Rue des Hallebardes (die es sich auf der gesamten Länge anzuschauen lohnt) und schwenkt von dort nach rechts in die Rue des Orfèvres ein. In dieser Umgebung konzentrieren sich Feinkostläden und Konditoreien › **Special S. 80**, aber auch Geschäfte für elegante Designermode, Antiquitäten und Wohnaccessoires.

Shopping

In den Vitrinen der Confiserie **Au Doux Pays de France,** 5, rue du Dôme sind Trüffel, Pralinen und hausgemachte Schokoladen verlockend präsentiert. Edles Porzellan, ziselierte Weingläser, Besteck und andere schöne Dinge für Tisch und Tafel findet man bei **Husser,** 6–8, rue des Hallebardes. **Etam Lingerie** (17, rue des Hallesbardes, www.etam.com) führt spitzenbesetzte Dessous und hinreißende Nachtwäsche.

Temple Neuf 25 [C4]

Der Weg zur Place Kléber führt zunächst über die Place du Temple Neuf. Die neuromanische Kirche Temple Neuf wurde 1876 errichtet, nachdem der gotische Vorgängerbau im deutsch-französischen Krieg 1870 abgebrannt war. Als das Münster wieder katholisch wurde, erhielten die Protestanten dann diese Kirche als Hauptkirche.

Rue des Grandes Arcades [C3–4]

Von hier gelangt man in wenigen Schritten zur Rue des Grandes Arcades, die mit der parallel verlaufenden Rue des Francs-Bourgeois und den Gassen dazwischen ein beliebtes Einkaufsviertel mit Kaufhäusern, Boutiquen, Buchhandlungen, Kinos und Eiscafés bildet. Im Rahmen der Bauarbeiten für die Straßenbahn wurde das alte Viertel umgestaltet. Beim Schaufensterbummel in der Rue des Grandes Arcades entdeckt man aber noch einige der früher verbreiteten, namengebenden Laubengänge, die Passanten vor Wind und Wetter schützen.

Restaurant

Nur wenige Schritte sind es von der Rue des Grandes Arcades in die Rue de l'Outre zum bekannten Nobelrestaurant **Au Crocodile** › S. 34.

Shopping

Mit **Promod** (Nr. 59–61) und **Kookaï** (Nr. 63) sind in der Rue des Grandes Arcades zwei der führenden französischen Mode-Filialisten vertreten.

Place Kléber 9 [C3–4]

Der weitläufige Platz und die umgebenden Bauten wurden in der ersten Hälfte des 18. Jhs. nach Pariser Vorbildern angelegt. Einsam ragt auf der Platzmitte die **Statue von Jean-Baptiste Kléber** empor. Der 1753 in Straßburg geborene General begleitete Napoleon Bonaparte auf dessen Ägyptenfeldzug. 1800 wurde er in Kairo erdolcht. Die Straßburger benannten den Hauptplatz der Stadt nach »ihrem« General, dessen Grab sich unter dem Denkmal befindet.

An der Nordseite erstreckt sich die nach Plänen von François Blondel errichtete **Aubette** 26. Der königliche Baumeister und bedeutende Architekturtheoretiker hatte für Straßburg einen Bebauungsplan entworfen, dessen Realisierung das Bild der Stadt total verändert hätte. Ausgeführt wurde aber 1766/67 nur die Aubette, die als Hauptwache von Straßburg fungierte. Nach einem Brand 1870 wurde die Aubette gründlich renoviert und diente fortan als Konservatorium, woran die Medaillons deutscher Komponisten an der Front erinnern. 1928 baute

SPECIAL

Weihnachtszauber

Wer hätte das gedacht: Den Tannenbaum, Inbegriff deutscher Weihnachtsseligkeit, sollen die Elsässer erfunden haben! Und nicht nur das, schon seit Jahrhunderten veranstalten sie Weihnachtsmärkte, und der rechts vom Rhein so beliebte Glühwein wärmt auch linksrheinisch als *Vin chaud* nicht nur die Herzen. Angefangen hat alles im Mittelalter. Damals pflegte man am Abend vor Weihnachten vor der Kirche das Schauspiel »Die Vertreibung aus dem Paradies« aufzuführen. Die Rolle des Baums mit dem verhängnisvollen Apfel übernahm eine Tanne, die um diese Jahreszeit dekorativer war als kahle Obstbäume. So war schon ab 1539 der Verkauf von Tannen als Weihnachtsbäume in Straßburg ein Geschäft. Mit der Zeit genügten einfache Äpfel nicht mehr als Schmuck. Es kamen Rosen aus Papier und Hostien, später dann Gebäck dazu. Nach einer elsässischen Legende waren Äpfel im Winter 1850 Mangelware. Da hatten die Glasbläser aus Meisenthal eine zündende Idee: Statt Äpfeln sollten Kugeln aus Glas die Bäume schmücken.

Zur Adventszeit befindet sich die Stadt in einem Weihnachtsrausch. Der Duft von Zimt und gebrannten Mandeln zieht über die Plätze mit den Weihnachtsmärkten. An der **Place de la Cathédrale** › S. 66 drängen sich die Buden dicht um das Münster. In Reih und Glied stehen die Stände auf der **Place Broglie** › S. 98, dem größten Markt mit reichem Angebot an Christbaumschmuck, Spielsachen, Süßigkeiten, Glühwein – und natürlich Tannenbäumen. Fast jedes Stadtviertel hat sein eigenes Weihnachtsprogramm. Lebende Krippen mit Eseln und Schafen sind die Attraktion in kleinen Innenhöfen und Parks. Eine hohe Tanne aus den Vogesen taucht die **Place Kléber** › S. 102 in weihnachtliches Licht. Für Kinder gibt's Schokoladenrundfahrten auf der Ill.

Das ausführliche Weihnachtsprogramm ist beim Office de Tourisme › S. 153 zu erfragen.

man sie zu einem Vergnügungskomplex mit Café, Restaurant, Ciné-Dancing und Festsaal um. Mit der Ausgestaltung wurden Hans Arp und Sophie Taeuber-Arp beauftragt. Sie zogen den befreundeten Maler und Architekten Theo van Doesburg mit hinzu und konzipierten die Aubette als ❗ abstraktes Raumkunstwerk im Stil des Konstruktivismus; nirgendwo wurden die ästhetischen Prinzipien der Künstlerbewegung De Stijl konsequenter umgesetzt. Doch dem Publikum war das Dekor zu avantgardistisch, so wurde es schon kurz nach der Einweihung 1928 in weiten Teilen verändert und zerstört bzw. überdeckt.

Nach einer ersten Teilrestaurierung, bei der 1994 das Ciné-Dancing wiederhergestellt wurde, ließ die Stadt Straßburg 2001–2006 die Treppe, die Foyer-Bar und den Großen Festsaal rekonstruieren. Im Rahmen der Ausstellung »Art is Arp« wurde die Aubette 2008 der Öffentlichkeit zugänglich gemacht

Großer Festsaal der Aubette

(Mi–Sa 14–18 Uhr, Eintritt frei; www.musees-strasbourg.org).

Shopping

Im Südwesten der Place Kléber verführt das Nobelkaufhaus **Galeries Lafayette** [C4], 34, rue du 22 Novembre, mit schicker Mode, Lederwaren, Parfüm und Kosmetika.

Place de l'Homme de Fer [C3]

Nordwestlich der Place Kléber liegt die Place de l'Homme de Fer. Am Haus Nr. 2 prangt der namengebende »Eiserne Mann«, eine Figur in einer mittelalterlichen Ritterrüstung. Sie war um 1750 das Firmenschild des dort ansässigen Waffenhändlers.

Ein Großteil des Platzes wird von einer modernen kreisrunden ❗ Konstruktion aus Stahl und Plexiglas überspannt, bei der es sich um eine Straßenbahnhaltestelle handelt. Kommt dann die futuristisch designte Tram angefahren, scheint die Idee einer autofreien Stadt mit umweltfreundlichem öffentlichem Nahverkehrssystem gar nicht mehr so rein utopisch.

Wer sich einen Überblick über das Stadtzentrum verschaffen will, steigt hinauf auf die Terrasse des **Kaufhauses Printemps** an der Place de l'Homme de Fer (Ecke Rue de la Haute Montée/Rue du Noyer, Mo–Sa 9–20 Uhr).

Shopping

Nur eine Trambahnstation (Linien A und D) nördlich der Place de l'Homme de Fer versammelt das Shoppingcenter **Les**

Halles [C3] mehr als 110 Einzelhandelsgeschäfte und 8 Restaurants (www. placedeshalles.com, Mo–Sa 9–20 Uhr).

St-Pierre-le-Jeune (protestant) 27 ⭐ [C3]

Als ein verschachteltes Durcheinander von Dächern, Türmchen, Giebeln und Maßwerk präsentiert sich dieses sehenswerte Gotteshaus, das einen ruhenden Pol inmitten des turbulenten Viertels bildet. St-Pierre blickt auf eine lange Baugeschichte zurück. Unter dem südlichen Seitenschiff hat man eine merowingische Gruft mit Bestattungsnischen und Grabtrögen gefunden. Im 11. Jh. wurde über den alten Grundmauern ein Chorherrenstift errichtet, das Papst Leo IX. (aus dem Grafengeschlecht von Dagsburg-Eguisheim im Elsass stammend) 1053 weihte. Aus dieser frühromanischen Epoche sind noch Reste wie das Untergeschoss des Turms erhalten.

Zwischen 1220 und 1230 begann man mit der Errichtung einer vierschiffigen Pfeilerbasilika, noch im selben Jahrhundert kam der Chor hinzu. Dann wurde die Südseite zur Hauptfront umgestaltet. Leider gingen die Originale des Hauptportals verloren. Die Statuen sind nur vage den alten nachempfunden. Wer genauer hinsieht, kann feststellen, dass etliche Skulpturen des Münsters, Ecclesia und Synagoge › S. 70 etwa, bei der Restaurierung im 19. Jh. Vorbild waren.

Im Laufe der Zeit wurden fünf zusätzliche Kapellen angefügt. Die erste davon war die **Johanneskapelle**

Altargemälde in der Kirche St-Pierre-le-Jeune

von Wilhelm von Marburg um 1360, ihr folgten die **Zornkapelle,** die u. a. das Grab des Ritters Andreas Zorn birgt (die Zorns waren eine der beiden mächtigen Straßburger Familien, die im Mittelalter die Geschicke der Freien Stadt lenkten), und die **Nikolauskapelle.** Die **Dreifaltigkeitskapelle** entstand unter der Leitung von Hans Hammer, der zuvor die grandiose Kanzel des Münsters geschaffen hatte. Erst bei der umfassenden Restaurierung des ganzen Baus im 19. Jh. richtete man die **Engelskapelle** ein. Die gotischen Wandmalereien aus dem 13./14. Jh. wurden dabei so stark verändert, dass die originalen Teile kaum noch auszumachen sind. **50 Dinge** 25 › S. 15. Eine Ausnahme bildet der »Zug der Nationen zum Kreuz«.

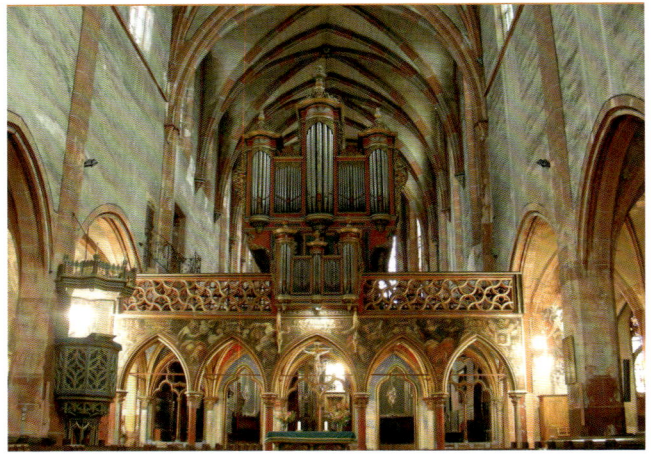

Der spätgotische Lettner in St-Pierre-le-Jeune

Zu den Prunkstücken der protestantischen Jung-St-Peter-Kirche zählt der spätgotische **Lettner,** der in katholischen Kirchen die heiligen Handlungen der Priester vor den Blicken der Laien abschirmte. Fünf zierliche Bögen tragen ein rot, blau und goldfarben gefasstes Gewölbe. An die Außenwand hat Hans Jakob Engelhardt 1620 die vier Evangelisten mit ihren Symbolen gemalt.

Eine Silbermannorgel aus dem Jahr 1707 thront über einer Galerie. Sie wurde im 20. Jh. mehrfach vergrößert und erneuert und verdient daher im Grunde kaum mehr ihren Namen. Dennoch ist ein Orgelkonzert ein Erlebnis (Termine am Eingangsportal).

Der Kreuzgang von St-Pierre-le-Jeune ist eine ❗ Oase der Beschaulichkeit mitten im Stadtzentrum. Drei der vier Seiten stammen zumindest in Teilen noch aus dem 11. Jh., was den Kreuzgang zu einem der ältesten nördlich der Alpen

macht. Die Kapitelle der Säulen sind schlicht gehalten, nur eines zieren vier Köpfe. Im Lauf der Jahrhunderte sind die Profile der Gesichter verwittert. Die vierte, gotische Seite schmückt einfaches Maßwerk. Grabmäler und Inschriften vom 14. bis 18. Jh. sind im ganzen Kreuzgang zu finden. Farne und Stockrosen wachsen üppig im Innenhof.

Während der Reformationszeit war St-Pierre protestantisch geworden. Louis XIV. gab die Kirche den Katholiken zurück, wenn auch nur teilweise. Ab 1681 nutzten die Katholiken den Chor, den Protestanten verblieb das Schiff. Der Lettner und eine Mauer hielten die beiden Konfessionen räumlich getrennt. 1893 bezogen die Katholiken schließlich die Kirche St-Pierre-le-Jeune (catholique) › **S. 119** in der Neustadt (St-Pierre-le-Jeune protestant: April–Okt. Mo 13–18, Di–Sa 10.30–18, So 14.30–18 Uhr; www.saintpierrelejeune.org).

Zwischenstopp: Restaurant
La Table d'Edouard 🕤 [C3] €€
Der Stopfleberpapst Edouard Artzner
› S. 41 führt die kleine, feine Brasserie.
• 7, rue de la Mésange
  So/Mo geschl.

Shopping
Bernard Pfirsch [C3], 20, rue de la
Nuée Bleue, bietet Stiche mit Straßburger und Elsässer Motiven sowie Porzellan und Keramik aus lokaler Fertigung.

Banque de France 28 [D3]
Wo jetzt der massige Bau der
Banque de France steht, stand das
Haus von Frédéric de Dietrich, dem
königlichen Kommissar in Straßburg und seit 1790 Bürgermeister
der Stadt. In seinem Auftrag schuf
Claude-Joseph Rouget de Lisle das
»Kampflied für die Rheinarmee«.
Am 15. Juli 1795 wurde die Marseillaise zur französischen National-
hymne erkoren › Exkurs S. 100. Eine
moderne Figurengruppe zwischen
dem Rathaus und dem Sitz des Militärgouverneurs erinnert an die Ur-
sprünge des Liedes.

Aquéduc de Janus 29 [D3]
An der Ecke Place Broglie/Quai
Schoepflin plätschert das originelle
Aquéduc de Janus. In Anspielung
auf die historische Vergangenheit
der Stadt wachsen wie beim römischen Vorbild Mauerbögen aus dem
Wasserbecken des Janusbrunnens.
Sanfte Wellen umspielen den Bron-
zekopf des antiken Gottes, der die
Gabe besaß, sowohl in die Zukunft
als auch in die Vergangenheit blicken zu können. Tomi Ungerer

› S. 60 entwarf den Janusbrunnen,
von ihm »Geburt der Zivilisation«
benannt, 1988 anlässlich der
2000-Jahr-Feier der Stadt. Die Dop-
pelgesichtigkeit der Figur soll die
deutsch-französischen Wurzeln der
elsässischen Kultur symbolisieren.

**! Erst-
: klassig**

Straßburg gratis
....
• Besucher unter 18 Jahren dürfen
  stets umsonst in Straßburgs
  Museen. Am ersten Sonntag des
  Monats ist der Eintritt für alle
  frei. Zwar wird es dann ziemlich
  voll, doch finden auch interessan-
  te Events statt.
• Der Besuch des abstrakten
  Raumkunstwerks L'Aubette an
  der Place Kléber ist kostenlos
  › S. 102.
• An den Führungen durch Europa-
  parlament › S. 133, Palais des
  Droits de l'Homme › S. 134 und
  Palais d'Europe › S. 131 darf
  man eurofrei, aber nur mit Reservierung teilnehmen.
• Der kleine Tiergarten mit
  Storchengehege im Parc de
  l'Orangerie verlangt keinen
  Eintritt › S. 133.
• Im Gegensatz zu deutschen Ge-
  pflogenheiten bieten so gut wie
  alle Hotels in Straßburg WLAN
  kostenlos an.
• Eine kostenlos zugängliche Oase
  der Beschaulichkeit mitten im
  Stadtzentrum ist der Kreuzgang
  von St-Pierre le Jeune (protestant) › S. 106.

KRUTENAU

Kleine Inspiration

- **In der Cave historique elsässischen Wein kaufen** und damit auch noch Gutes tun › S.110
- **Luftig-leichte Makronen** in mindestens drei Geschmacksrichtungen probieren – in den Pâtisserien der Rue d'Austerlitz › S. 111
- **Eine meditative Pause** im stimmungsvollen Inneren der Kirche St-Guillaume einlegen › S. 112
- **Sich Zeit nehmen für eine Tasse Tee** im malerischen Cour du Corbeau › S. 116

In der »Kraut-Aue«, einst Heimat von Gemüsebauern und Flussschiffern, sind die Einheimischen bislang weitgehend unter sich geblieben. Am Abend füllen Nachtschwärmer die Plätze und Gassen mit Leben.

Die Straßburger Altstadt auf der Illinsel ist sicher konkurrenzlos, was die Dichte an historischen Bauten und anderen Sehenswürdigkeiten betrifft. Doch der immense Besucherandrang bringt es mit sich, dass man hier auch mit Schattenseiten des Tourismus konfrontiert wird.

Einen wohltuenden Kontrast dazu bildet die Krutenau, die auf weniger spektakuläre, dafür aber authentischere Art und Weise historisches Flair verbreitet. Während die Altstadt den Touristen gehört, findet man in der Krutenau das Straßburg der Einheimischen – von denen viele Zuwanderer sind.

Am südlichen Illufer siedelten sich im 15. Jh. Gemüsebauern (»Krutenau« kommt von »Kraut-Aue«) und Flussschiffer an. Wie für ein Armenviertel üblich, konzentrierten sich hier soziale Fürsorgeeinrichtungen – eine Tradition, die bis heute fortbesteht. So erstreckt sich neben dem mittelalterlichen Hospiz im Südwesten der Krutenau heute der riesige Komplex des Städtischen Klinikums.

Nachdem Straßburg französische Garnison geworden war, bezogen im 18. Jh. viele Soldaten die in der Krutenau erbauten Kasernen. Im 19. Jh. setzte die Industrialisierung ein und die Kasernen wichen Manufakturen. Die Krutenau nahm den Charakter eines typischen Arbeiterviertels an.

Einigen Luxussanierungen zum Trotz ist die Krutenau ein Viertel der kleinen Leute geblieben. Die relativ niedrigen Mieten können sich auch Studenten und Künstler leisten. Es gibt preiswerte Lokale, und viele Einwanderer unterhalten kleine Lebensmittelläden. Dass man hier auf weniger Touristen trifft, ist dem Umstand zu verdanken, dass die Schönheiten des Viertels eher im Verborgenen blühen – zwei Beispiele dafür sind die Cour du Corbeau und die Cave historique.

Der Charme der Krutenau, ihre ungeschönte Lebendigkeit, erschließt sich am besten bei einem Bummel über die Place des Orphelins oder durch die Gassen um die Kirche Ste-Madeleine. Lohnend ist auch ein Besuch des Wochenmarkts auf der Place de Zurich. Einzige klassische Touristenattraktion, dafür aber eine hochkarätige, ist das Musée Alsacien mit seinen reichen volkskundlichen Sammlungen.

Tagsüber eher beschaulich, zeigt sich die Krutenau am Abend von einer ganz anderen Seite: Studenten aus dem nördlich angrenzenden Univiertel füllen dann die Kneipen, deren Spektrum vom Nachbarschaftstreff zum angesagten Szene-Lokal reicht.

Die stimmungsvolle Place des Orphelins

Charme des Alltäglichen

Verlauf: Quai St-Nicolas › Historischer Weinkeller › Rue d'Austerlitz › Place des Orphelins › Place Ste-Madeleine › St-Guillaume › Place du Corbeau › Musée Alsacien

Karte: Seite 126
Distanz/Dauer: 2,5 km, 1 Std. (ohne Museumsbesuche)
Praktische Hinweise:
- Ausgangs- und Endpunkt der Tour ist die Tramhaltestelle Porte de l'Hôpital (Tram A, D).
- Auf diesem Rundweg bieten sich immer wieder überraschende Ausblicke auf das Münster – unbedingt den Fotoapparat mitnehmen!

Tour-Start:
Quai St-Nicolas [C5]

Geschichtsträchtige Häuser säumen den Quai St-Nicolas. In Nr. 18 wohnte im 16. Jh. der Straßburger Autor Sebastian Brant › S. 59. Renaissancehäuser mit Treppengiebeln und verzierten Erkern und Bürgerhäuser im klassizistischen Stil wechseln sich ab.

Die uralte Kirche **St-Nicolas** 1 ruht auf römischen Grundmauern. Sie wurde seit dem 12. Jh. mehrfach umgebaut. Ihr heutiges, vorwiegend gotisches Erscheinungsbild verdankt sie Erweiterungsbauten in den Jahren 1381 bis 1387. 1899 war Albert Schweitzer Hilfsprediger an dieser Kirche. Bekannt wurde er durch sein Tropenhospital in Lambarene (Gabun), für das der gebürtige Elsässer auch in seiner Heimat mit Vorträgen und Orgelkonzerten Geld sammelte (nur zu den Gottesdiensten geöffnet).

Historischer Weinkeller 2 ☆ [C5]

Etwas versteckt liegt der Eingang zur Cave Historique des Hospitals von 1395 an der Place de l'Hôpital. In dem massiven mittelalterlichen Gewölbe lagern noch fünf originale Holzfässer aus dem 15./16. Jh. Das Krankenhaus kultiviert nach wie vor eigene Weinberge und nutzt den Keller für Ausbau und Lagerung, daneben präsentieren und verkaufen hier auch andere elsässische Winzer ihre Produkte. Wer französisch spricht, kann nach telefonischer Anmeldung an einer kostenlosen Führung teilnehmen, bei der einen der Kellermeister auch an einem Weißwein aus dem 15 Jh. schnuppern lässt. Hinweistafeln – leider ebenfalls nur in französischer Sprache – informieren über die Weinherstellung. Ein Schild mit der Aufschrift »Souterrain« führt auf einigen Metern in ein früher 30 km langes Gewölbe- und Gangsystem, das im Mittelalter unter der gesamten Stadt verlief und in Notzeiten zur Versorgung oder Evakuierung diente – zuletzt im Zweiten Weltkrieg.

Der Charme des Ganzen liegt gerade in der Improvisiertheit – es handelt sich um keine Touristenattraktion, sondern um eine aktiv genutzte Stätte der Weinlagerung und des -handels. Den Rebsaft kann man nur zu bestimmten Terminen (telefonisch erfragen) verkosten, aber natürlich im Shop kaufen. Die Einnahmen kommen u. a. dem Erhalt des Hospitals zugute (Mo bis Fr 8.30–12 und 13.30–17.30, Sa 9–12.30 Uhr; Tel. 03 88 11 64 50; www.vins-des-hospices-de-strasbourg.fr).

Zur Place Ste-Madeleine **3** [D4]

Der Rue des Bouchers fast bis zur Ill folgend, erreicht man den Beginn der **Rue d'Austerlitz.** In der Fußgängerzone gibt es viele Bäckereien, Pâtisserien, Käseläden und Metzger, bei denen man sich mit einem Imbiss versorgen kann. Eine Spezialität der Pâtisserien sind Macarons, luftig-leichte Biskuitkekse, deren Farbe der Geschmacksrichtung der Füllung entspricht. So gibt es z. B. lila Macarons mit Veilchengeschmack.

Am Ende der Straße biegt man links in die Petite Rue d'Austerlitz ab und folgt dieser zur langgezogenen begrünten **Place des Orphelins,** dem Platz der Findelkinder. Früher wurden hier Waisen versorgt, das am Platz befindliche Sozialzentrum und die nahe Schule führen diese Tradition fort. Mit kleinen Geschäften und Lokalen, Treffpunkten der kleinen Leute, gibt er einen Eindruck vom spezifischen Flair der Krutenau.

Über die Rue du Fossé des Orphelins gelangt man durch einen Renaissancebogen von 1576 zur **Place Ste-Madeleine** mit der gleich-

Die Weine aus dem Elsass werden in der Cave Historique ausgebaut

namigen Kirche. Den Platz umgeben uralte, teils liebevoll herausgeputzte und teils gar nicht renovierte Bauten wie z. B. das alte Kontorhaus.

Zwischenstopp: Restaurants

Bagelstein **1** [D5] €
Bagels, Muffins und Cupcakes vom Feinsten.
• 18, rue des Orphelins
  Tel. 03 88 10 94 12
  www.bagelstein.com

La Coccinelle **2** [D4] €
Das familiäre kleine Restaurant serviert elsässische Traditionsküche zu moderaten Preisen. Bei schönem Wetter kann man in der kleinen Fußgängerzone vor der Tür auch im Freien sitzen.
• 22, rue Ste-Madeleine
  Tel. 03 88 36 19 27
  www.restaurant-la-coccinelle.fr
  So/Mo geschl.

Shopping

- Nur wenige Schritte östlich von Ste-Madeleine wird Mittwoch vormittags auf der Place de Zurich [E4] ein bunter **Wochenmarkt** abgehalten.
- Wer auf einer der vielen Bänke in der Krutenau picknicken möchte, bekommt im Restaurant **La Cuillère en Bois** [E4] (38, rue de Zurich, Tel. 03 88 35 56 30, www.lacuillera pot.com, So geschl.) leckere Fertiggerichte auch zum Mitnehmen.

St-Guillaume 4 [E4]

Durch einen kleinen Durchgang geht es von der Place Ste-Madeleine wieder Richtung Ill. Dem Quai des Bateliers in östlicher Richtung folgend erreicht man die frühere Wilhelmerkirche St-Guillaume. 1307 war die Kirche, die im Zuge der Reformation protestantisch wurde, im Wesentlichen fertig gestellt. Im 14. Jh. versammelte sich hier die Brüderschaft der Flussschiffer zum Gebet, worauf der Anker mit Wetterhahn auf der Turmspitze hinweist.

Von außen betrachtet wirkt der Sakralbau eher unscheinbar, doch birgt das Innere eine sehenswerte Ausstattung. Wertvollster Besitz sind die fantastischen Buntglasfenster aus dem 15. Jh. Sie stammen zum Großteil aus der Werkstatt von Peter Hemmel aus Andlau, die auch für das Münster fertigte. Zwischen 1447 und 1505 produzierte sie ganze Serien großflächiger Kirchenfenster, die bis nach Ulm, München und Salzburg exportiert wurden. Detailreich und in leuchtenden Farben zeigen die Scheiben in St-Guillaume neben der Passionsgeschichte und der Katharinenlegende Szenen aus dem Leben des hl. Wilhelm von Maleval. Diesem Ahnherrn des Wilhelmitenordens ist die ehemalige Klosterkirche geweiht, die später Pfarrkirche wurde. Ausführlichere Betrachtung lohnt weiterhin das **Doppelgrabmal** der elsäs-

Manufacture de Cigares

Zigarren mit klingenden Namen wie Ninas, Havanitos u.ä. lassen an Kuba denken, wurden aber bis vor Kurzem in der Rue de la Krutenau (Nr. 7) produziert, etwa 6 Mio. Stück pro Jahr und erst seit den 1960er-Jahren maschinell. Zwischen 1849 und 1864 entstanden, nahm der Gebäudekomplex aus Backstein bald 1,5 ha ein. Nach der Fusion des französischen Tabakmonopolisten SEITA mit dem spanischen Tabak-Staatsbetrieb im Jahr 1999 geriet die Straßburger Manufaktur zunehmend in eine wirtschaftliche Krise. Als die neue Firma 2008 von der britischen Imperial Tobacco Group gekauft wurde, mehrten sich die Gerüchte um eine Schließung des Werks in der Krutenau mit zuletzt noch 230 Mitarbeitern. Proteste in Paris blieben ohne Erfolg, seit 2010 standen die Hallen leer. Der Abriss des Industriedenkmals wurde jedoch abgewendet, es soll nunmehr als kulturelle Begegnungsstätte genutzt werden, doch ist, abgesehen von einer großen Architekturausstellung 2012, noch nicht viel passiert.

Verstecktes Juwel: die malerische Cour du Corbeau

sischen Landgrafen Ulrich und Philipp von Werd (nur zu den Gottesdiensten, meist So 10.30 Uhr, geöffnet, Tel. 03 88 36 01 36).

Place du Corbeau [D4]

Vorbei an den Fachwerkfassaden des belebten Quai des Bateliers, des Schifferstadens, spaziert man zur Place du Corbeau. Am Quai gegenüber fällt der Blick in den Innenhof der Grande Boucherie › S. 87. Aus dieser Perspektive wirken die Türme und das hohe Dach der Alten Metzig sehr stattlich. Daneben erstreckt sich die Ancienne Douane › S. 88. Steil steigt ihr schmaler Treppengiebel auf. Die Holzterrasse des früheren Zollgebäudes ragt über die leise plätschernde Ill.

Die moderne Place du Corbeau (Rabenplatz) prägen eine Reihe von Straßencafés und die schlichte Fassade des einstigen »Hôtel du Rhin«. Nichts erinnert mehr an die grausamen Bestrafungen, deren Schau-

platz der nahe **Pont du Corbeau** einst war: Hier wurden Schwerverbrecher in der Ill ertränkt. Harmlosere Betrüger wie Weinpanscher wurden in die übel riechenden Abwässer unter der Rabenbrücke, auch »Schindbrücke« genannt, getaucht.

Etwas östlich der Place du Corbeau liegt, hinter einer Toreinfahrt versteckt, die malerisch **Cour du Corbeau 5 [D5]**. Hier gruppieren sich uralte Fachwerkfassaden um einen winzigen kopfsteingepflasterten Hinterhof, die offenen Holzgalerien sind verwittert. Neben dem Brunnen wächst ein Kastanienbaum. Das Gasthaus »Zum Raben« war vom Mittelalter bis ins 19. Jh. eine auch bei Königen und Grafen beliebte Adresse. Auf der Tafel an der Hauswand ist vermerkt, dass Friedrich der Große und Kaiser Joseph II. inkognito in der Herberge übernachtet haben. Das Anwesen aus dem 16./17. Jh. wurde umfassend renoviert und beherbergt seither ein

Nightlifeadressen

Zu Straßburgs regem Nachtleben tragen neben den rund 40 000 Studenten auch Touristen aus aller Welt und der Tross der EU-Funktionäre bei. Ob schicke Bar, gemütlicher Pub, Hard Rock live oder DJ-Sound zum Abtanzen – das Angebot der elsässischen Hauptstadt garantiert auch am späteren Abend vergnügliche Stunden.

Livemusik von Klassik bis Techno

Straßburg wird für sein umfangreiches Musikangebot landesweit gerühmt, dies gilt besonders für die Oper und das im Palais de la Musique beheimatete Orchestre Philharmonique › S. 45.

- **La Laiterie** [A5]
  Die Konzerthalle 1 km südlich des Bahnhofs ist Straßburgs Bastion für moderne Musik: Hip-Hop, Techno, Pop bzw. Rock sowie französische Chansons, Weltmusik und Salsa. Oft spielen internationale Stars. Karten sind direkt über die Website zu beziehen.
  11, rue du Hohwald
  Tel. 03 88 23 72 37
  www.artefact.org
- **Le Zenith**
  Die 2009 erbaute, moderne Veranstaltungshalle im Westen Straßburgs lockt mit großen Events, Show- und Sportacts sowie Konzerten von international bekannten Interpreten – das Programm ist vielfältig.
  1, allée du Zénith (Eckboltsheim)
  Tel. 03 88 10 50 50
  www.zenith-strasbourg.fr
- **Parc des Expositions du Wacken** [F1]
  In der Rhénus-Halle finden häufig Großveranstaltungen mit bekannten Interpreten und Musikgruppen statt.
  Place de la Foire-Exposition
  Tel. 03 88 37 21 21
  www.strasbourg-events.com

Discos und Musikklubs

Die Großraumtanzschuppen liegen in den Vororten, in der Stadt gibt es eher kleinere Bar-Diskotheken und Tanzklubs, teils auf ausgedienten Schleppkähnen.

- **Mudd Club** [D4]
  Topmoderner Nightclub mit vielseitigem Musikangebot und DJ-Partys.
  7, rue de l'Arc-en-Ciel
  Tel. 03 88 32 14 02
  tgl. 20–1 Uhr
- **Rock City Café** [E4]
  Das Lokal in der Krutenau ist vor allem bei Fans rockiger Musik beliebt. Mit Billiard.
  24, rue des Poules
  Tel. 03 88 36 54 76 | tgl. 11–1.30 Uhr
- **L'Hippocampe** [E4]
  Auf dem Schleppkahn finden Konzerte unterschiedlicher Musikrichtungen statt, manchmal legen DJs auf. Dazu gibts kleine Snacks.
  Quai des Pêcheurs | Mo–So 18–3 Uhr
- **Le Rafiot** [E4]
  Tagsüber fungiert das Boot als Café-Bar, spätabends verwandelt es sich in einen angesagten DJ-Club.
  Quai des Pêcheurs
  Tel. 06 80 47 68 19 | www.rafiot.net
  Mo–Mi 12–1.30, Do–Sa 22–4, So 10 bis 1.30 Uhr

Kneipen und Bars

Kristallisationspunkte des Nachtlebens sind die Krutenau und die Place du Marché Gayot mit den umliegenden Gassen wie der Rue des Frères und Rue des Sœurs.

- **Bar L'Elastic** [D5]
  Szenetreff in der Krutenau, die Musik, die hier gespielt wird, entspricht immer allerneuesten Trends.

27, rue des Orphelins
www.elastic-bar.fr
Mo–Do 17–3, Fr, Sa bis 4 Uhr
- **Le Trou** [D4]
  Gemütliches Kellerlokal in der Krutenau, das als Nachbarschaftstreff fungiert.
  5, rue des Couples
  Tel. 03 88 36 91 04 | tgl. 16–4 Uhr
- **Café de l'Opéra** [D3]
  Das ruhige, zurückhaltend gestylte Nachtcafé ist ein Treffpunkt von Künstlern und Kulturschaffenden.
  Place Broglie | Tel. 03 88 22 98 51
  www.cafedelopera.fr
  tgl. 12–3, Fr, Sa bis 4, So 14–20 Uhr
- **Les Berthom** [C4]
  70 unterschiedliche Flaschenbiere, 10 Sorten vom Fass sowie exzellente Cocktails.
  18, rue des Tonneliers
  Tel. 03 88 32 81 18
  www.lesberthom.fr
  tgl. ab 18 Uhr
- **L'Alchimiste** [D4]
  Geniale kleine Bar in Münsternähe mit ziemlich abgefahrenen Cocktails, vom »Liebestrank« bis zum »Jungbrunnen«.
  3, rue des Sœurs | Tel. 03 88 37 02 83
  www.barlalchimiste.com
  Mi–Sa 21–3 Uhr

Aktuelle Ausgehtipps

- www.cityvox.fr/guide_strasbourg/AccueilVille oder
- www.strasbourg.fr
- Tageszeitung **Dernières Nouvelles d'Alsace (DNA)**
- Kultur-Wochenmagazin **Hebdoscope**
- **Strasbourg Magazin** (zweiwöchentlich, auch in Deutsch)
- Broschüre Office de Tourisme › S. 153

4-Sterne-Hotel mit 57 Zimmern (www.cour-corbeau.com), der Hof ist aber weiterhin öffentlich zugänglich.

Restaurant

Das Hotel Cour du Corbeau [D5] besitzt auch einen gemütlichen Teesalon, in dem man bei einer Tasse Kaffee und hausgemachtem Kuchen eine Pause einlegen kann.

Nightlife

La Passerelle [D4]

Interessante Kombination aus Loft, Kunstgalerie und Cocktailbar. Am frühen Abend ideal für den Aperitif, später Lounge-Ambiente mit DJ-Musik. Szeniges Publikum. Mo geschl.
• 38, quai des Bateliers
  Tel. 03 88 36 19 95

Musée Alsacien 6 🏛 [D5]

Viel Geld und noch mehr Ideen wurden in das Elsässische Museum investiert. Gegründet wurde es 1907 als Bollwerk gegen die drohende Germanisierung des Elsass unter der Herrschaft des deutschen Kaiserreichs. In den drei Häusern werden elsässisches Brauchtum und volkstümliche Kunst präsentiert – übrigens ein Museum, in dem auch kleine Besucher ihren Spaß haben.

Wilder Wein rankt sich die Galerien im Innenhof hinauf. Besucher erfahren auf anschauliche Weise viel vom Leben der Bauern und Winzer. Alles ist vorhanden: In der Küche stehen Herd und Stubenofen unter dem riesigen Rauchfang, Kochgerät und Pfannen hängen an der Wand. In der holzgetäfelten Bauernstube aus Wintzenheim ist der Nachttopf unter dem Bett ein Detail. Die Winzerstube aus Ammerschwihr macht der Poêle, der dekorative grüne Kachelofen, sehr gemütlich. Über knarrende Treppen und Böden geht's durch Zimmer voller Gerätschaften. Ein wenig gruselig wirkt eine Galerie von sog. Kleiekotzern. Durch die weit aufgerissenen Mäuler der hässlichen Holzfratzen wurde beim Mahlen des Mehls die Kleie ausgestoßen.

An den altersdunklen Weinfässern fallen die geschnitzten Fassriegel ins Auge. Auf einem ist eine Meerjungfrau mit schuppigem Fischschwanz dargestellt. Traditionelle Gegenstände wie ein Gebärstuhl, die bunte Brautkrone und das schmiedeeiserne Grabkreuz versinnbildlichen die Abschnitte des menschlichen Lebens. Wie viel Arbeit dazwischen lag, verdeutlichen die Werkstätten. Man kann sich gut vorstellen, dass an der Feuerstelle in der Schmiede harte Knochenarbeit geleistet werden musste. Wenig Vertrauen erweckend wirkt die mit Glaskolben, Mörsern und einem Totenkopf ausgestattete Alchemistenküche der Apotheke im zweiten Stock des Museums.

Ein eigener Raum ist der jüdischen Gemeinde im Elsass gewidmet (23–25, quai St-Nicolas, tgl. außer Di 10–18 Uhr; www.musees-strasbourg.org).

Das Palais du Rhin flankiert die Place de la République

DEUTSCHES VIERTEL

Kleine Inspiration

- **Auf den schattigen Wegen** im Parc des Contades spazieren › S. 122
- **Den besten Blick auf die spektakulär gelegene Kirche** St. Paul vom Ausflugsboot genießen › S. 123
- **Skulpturenkunst im Freien bestaunen** – an der Avenue du Général de Gaulle › S. 125

Weitläufige Plätze und Prachtbauten bestimmen das Bild in der nach 1871 angelegten Wilhelminischen Neustadt. Die Villen um den Parc des Contades gehören zu den begehrtesten Wohnadressen Straßburgs.

Der Bau der Neustadt begann nach dem deutsch-französischen Krieg 1871, als Elsass-Lothringen dem deutschen Kaiserreich zufiel. Die Hauptstadt des neuen Reichslandes benötigte repräsentative öffentliche Gebäude, die sowohl die neu geschaffenen Behörden beherbergen als auch die Überlegenheit deutscher Kultur bezeugen sollten. Der Berliner Architekt August Orth und der Straßburger Haussmann-Schüler Jean Geoffroy Conrath erhielten den Auftrag, ein neues Viertel mit Amtssitzen sowie Wohnungen für Beamte und Offiziere aus dem Boden zu stampfen. Weiterhin sollte Straßburg eine große Universität, einen neuen Bahnhof und ein städtisches Schwimmbad erhalten.

Das Ergebnis dieser Planungen ist ein Musterbeispiel für Herrschaftsarchitektur, die mit baulichen Mitteln Macht demonstriert. Breite Prachtboulevards, großzügige Plätze und imposante Verwaltungsbauten bestimmen das Bild, daneben entstanden Villen im Stil des Historismus, die heute zu den begehrtesten Wohnadressen der Stadt gehören. Wegen ihres pompösen Auftretens und des als Baumaterial verwendeten, für das Elsass untypischen grauen Sandsteins wurde die Neustadt von den Straßburgern jahrzehntelang als Fremdkörper betrachtet und abgelehnt. Erst im 20. Jh. begann sich diese Einstellung zu ändern. Das Interesse gilt nun mehr dem kunsthistorischen Aspekt dieser wilhelminischen Stadtplanung. Und aus diesem Blickwinkel ist man bereit, den Prachtbauten einige Pluspunkte zuzuweisen.

Ausgerechnet im Deutschen Viertel hat sich die jüdische Gemeinde angesiedelt, die nach dem Zweiten Weltkrieg in ihre Heimat zurückkehrte. Am Rande des Parc des Contades wurde eine neue Synagoge erbaut; außerhalb des Sabbats sieht man kinderreiche Familien auf der Straße und in den koscheren Geschäften.

Sehr passend scheint vor diesem Hintergrund auch die Ortswahl des neuen Tomi-Ungerer-Museums, war der Straßburger Zeichner und Karikaturist doch immer ein Botschafter der jüdischen Kultur im Elsass.

Im Tomi-Ungerer-Museum

Unterwegs im Deutschen Viertel

 **Preußische Pracht- entfaltung**

Verlauf: Palais de Justice ›
St-Pierre-le-Jeune (catholique) ›
Quai Jacques Sturm › **Place de la
République** › **Parc des Contades** ›
Avenue de la Liberté › **Musée
Tomi Ungerer** › **St-Paul** › **Place de
l'Université** › **Universitätsgelände**

Karte: Seite 126
Distanz/Dauer: 2,5 km, 1 Std. (ohne
Museumsbesuche)
Praktische Hinweise:
• Die Tour lässt sich bequem zu Fuß
bewältigen, eine Alternative stellt
das Fahrrad › S. 44 dar.
• Zum Ausgangspunkt gelangt man
mit Tram A oder D (Haltestelle
Ancien Synagogue/Les Halles),
nach dem Ende der Tour gelangt
man mit Tram C, E oder F von der
Haltestelle Universités ins Zentrum
zurück.

Tour-Start:
Palais de Justice 7 [G4]

Beim Entwurf des Justizpalastes
hielten sich die deutschen Architekten Sigurd Neckelmann und August
Hartel 1895 eng an das Vorbild der
Antike. Der neohellenistische Bau
aus grauem Sandstein besitzt einen
Portikus mit dreieckigem Giebelfeld. Justitia, die römische Göttin
des Rechts, verdeutlicht mit Waage
und Schwert die Funktion des Gebäudes. Der grüne Kupferaufbau
mit den Sternornamenten bildet einen auffälligen Farbtupfer.

Der Justizpalast grenzt an die **Rue
du Fossé des Treize,** heute eines der
Zentren jüdischen Lebens in Straßburg. Einige Läden mit koscheren
Lebensmitteln haben sich hier angesiedelt, und man sieht Männer mit
Kippa über den Gehsteig eilen. Es
wirkt wie eine Ironie der Geschichte, dass sich die Mehrzahl der nach
1945 heimgekehrten Juden gerade
im Deutschen Viertel niedergelassen hat.

Hotel
CIARUS [C2]
Das beliebte Jugend- und Begegnungs-
zentrum nahe dem Palais de Justice bietet preisgünstige Übernachtungsmög-
lichkeiten ab 25 € pro Person sowie
interessante Kurse zu Europathemen
oder Discoabende.
• 7, rue Finkmatt | Tel. 03 88 15 27 88
www.ciarus.com

St-Pierre-le-Jeune
(catholique) 8 [D2]

Die monumentale Kirche aus rosa
Vogesensandstein wurde 1889 bis
1893 von den Architekten des Justizpalastes erbaut. Sie ist nicht zu
verwechseln mit der gleichnamigen,
deutlich älteren protestantischen
Kirche › S. 105, die sich beide Konfessionen seit der Annexion des Elsass durch Louis XIV. geteilt hatten.
Mit Fertigstellung des neoromani-

Monument aux Morts auf der
Place de la République

Quai Jacques Sturm

Kastanien säumen den Quai am Kanal Fossé du Faux Rempart, der die Altstadt Straßburgs im Westen und Norden umschließt.

In den stattlichen Häusern haben viele Anwaltskanzleien und Notariate ihren Sitz. Schon im 19. Jh. waren diese Immobilien wegen ihrer guten Ausstattung begehrte Wohnadressen. So gab es z. B. Gasanschlüsse auf jeder Etage – ein für die damalige Zeit ungewöhnlicher Komfort, auf den bis heute erhaltene Emailleschilder voller Stolz hinwiesen.

Place de la République 9 ⭐ [D3]

Der einstige »Kaiserplatz« bildete das Kernstück der wilhelminischen Stadtplanung. Hier standen die kaiserliche Residenz und die offiziellen Verwaltungsbauten des Reichslandes Elsass-Lothringen. Gleichzeitig sollte der Platz die Verbindung zwischen der Altstadt auf der Illinsel und der sich nördlich und westlich daran anschließenden Neustadt herstellen.

Von hier aus genießt man eine fantastische Aussicht auf das Münster. Inmitten üppiger Blumenpracht mahnt ein ausdrucksstarkes Denkmal zum Frieden: Schmerzerfüllt hält eine Mutter ihre beiden toten Söhne in den Armen. Einer fiel für Frankreich, einer für Deutschland, erst im Sterben reichen sie sich die Hände. Der Rodin-Schüler Léon Drivier schuf das monumentale Werk 1936 zum Gedenken an die Gefallenen des Ersten Weltkriegs.

schen Neubaus stand den Katholiken wieder ein eigenes Gotteshaus zur Verfügung.

Die mächtige, hellgrüne Kuppel der Kirche (die größte im Elsass) ist eine Anspielung auf den Petersdom in Rom. Die viereckigen Türme mit neoromanischen Rundbogenfenstern und Galerien tragen Pyramidendächer, eine schlichte Rosette verleiht der Portalseite Leichtigkeit. Der riesige neoromanische Radleuchter im Inneren ist dem verschollenen Original in der Abteikirche Weißenburg nachempfunden.

Zwischenstopp: Restaurant

Le Tribunal 3 [C3] €
Die preiswerte, bodenständige Küche des Restaurants wissen auch die Angestellten des nahen Justizpalastes zu schätzen.
• 6, quai Finkmatt | Tel. 03 88 32 68 02

Palais du Rhin

Das prunkvolle Palais du Rhin wurde als Residenz für den deutschen Kaiser Wilhelm II. errichtet. Dieser bezeichnete den wuchtigen Palast wenig charmant als Elefantenhaus. Hermann Eggert gestaltete den Bau zwischen 1883 und 1888 unter Rückgriff auf Florentiner Renaissance- und Berliner Barockbauten. Der Reichsadler und der Berliner Bär an der Frontseite unterstreichen Glanz und Gloria des Reiches. Atlanten tragen die erste Etage des Mittelrisalits, in dessen Giebelfeld es sich der antike Held Herakles neben der Krone bequem macht. Über der Mittelpartie thront eine rote Ziegelkuppel. Das Entree beeindruckt mit einer hohen Kassettendecke und roten Marmorsäulen. Eine Neuerung in Straßburg bildete damals übrigens der eiserne Dachstuhl des Gebäudes, der den zuvor üblichen hölzernen vor allem im Hinblick auf die Brandgefahr überlegen war.

Nach 1919 zog die erste »Euro-Behörde« der Stadt ein: die 1815 von den Rhein-Anrainerstaaten gegründete Kommission für die Rheinschifffahrt. Heute nutzt außerdem die Kulturdirektion der Region Elsass das Gebäude.

Trésorerie Générale

Eine neue Bestimmung hat auch das benachbarte ehemalige Ministerium für das Reichsland erhalten: Hinter den schmiedeeisernen Toren befindet sich nun das Schatzamt des Départements. Ein schiefergedecktes Mansardendach schließt den Bau ab, der sich stilistisch am Berliner Schloss von Andreas Schlüter orientiert. Sein Schöpfer, der Architekturprofessor Ludwig Levy, zeichnet auch für den zweiten Ministeriumsbau am Platz verantwortlich. In das Gebäude aus hellem Sandstein zog die **Préfecture** ein.

Bibliothèque Nationale et Universitaire

Den östlichen Abschluss des Platzes bilden die Nationalbibliothek sowie das Stadt- und Nationaltheater. Der Bibliotheksneubau war durch die völlige Zerstörung des alten Gebäudes im Deutsch-Französischen Krieg notwendig geworden. Säulen

Der pompöse Palais du Rhin an der Place de la République

und Pfeiler lockern die Fassade auf. Über den Fenstern grüßen deutsche Dichtergrößen: Gottfried von Straßburg, Schiller, Goethe, Lessing … Nach spektakulärer Umgestaltung der Innenräume durch Nicolas Michelin wurde die Bibliothek mit ihren 3 Mio. Bänden im November 2014 wiedereröffnet.

Théâtre National

Zwei Frauengestalten schauen von der Dachkante herab: Elsass und Lothringen schmücken den ehemaligen Landtag des Reichslandes. Der Bau wurde 1888 von August Hartel und Sigurd Neckelmann entworfen und ist heute Sitz des Nationaltheaters. Der Dichter André Malraux machte das Dramatische Zentrum

Die Neue Synagoge am Parc des Contades wurde 1955 erbaut

1968 zum Nationaltheater, dessen Aufführungen oft hochkarätig besetzt sind (Programminfos unter www.tns.fr › S. 45). Angeschlossen ist die École Superieure d'Art Dramatique, die Schauspieler, Bühnenbildner und Regisseure ausbildet. Das gute Renommee der Schule reicht weit über die Grenzen des Elsass hinaus.

Parc des Contades 10 [E2]

Die breite Avenue de la Paix bildet eine gerade Achse bis zur Place de Bordeaux. Die genau auf den Nordturm des Münsters ausgerichtete Straße führt zum Parc des Contades. Unter seinen alten Bäumen stehen einladende Bänke, Spazierwege führen durch die grüne Oase, zu der auch ein Kinderspielplatz gehört. Im 18. Jh. wurde das Gelände für Schießübungen genutzt.

Am Westrand des Parks steht die moderne **Synagoge** aus den 1950er-Jahren. Ihr Bau war notwendig geworden, da während der Besatzungszeit im Zweiten Weltkrieg Nationalsozialisten das alte Gebetshaus am Quai Kléber angezündet hatten. Die jahrhundertealte, gewaltsam unterbrochene jüdische Tradition besteht inzwischen wieder weiter: In Straßburg lebt eine der größten jüdischen Gemeinden Frankreichs.

Zwischenstopp: Restaurants

L'Amuse Bouche 4 [E2] €€
Äußerlich unprätenziöses Restaurant mit raffinierter französische Küche, die sich auf Aromen konzentriert. Die Speisen werden fantasievoll angerichtet.

• 3,a rue Turenne | Tel. 03 88 35 72 82
www.lamuse-bouche.fr
12–14, 19–21 Uhr; Samstagabend, So
und Montagmittag geschl.

Pâtisserie Kubler 5 [D2] €€
Zur hervorragenden Pâtisserie gehört
ein Salon de Thé, in dem auch kleine
Snacks serviert werden.
• 29, ave. des Vosges
Tel. 03 88 35 22 27
www.kubler.fr
Di–Sa 7–19, So 7–13/Winter 18 Uhr

Avenue de la Liberté 11 [E3]

Vom Park aus gelangt man über die
Rue Auguste Lamey zur Avenue de
la Liberté. In unterschiedlichen historisierenden Stilen aufwendig dekorierte Häuser säumen die Straße,
die in gerader Achse das Regie-
rungsviertel mit der Universität verbindet.

In dem neogotischen Prachtbau
aus dem späten 19. Jh. residiert die
Post. Am neobarocken Gebäude Nr.
11–13 fasziniert die Fülle der Details. Die Konsolen sind überreich
verziert. Der Bau war Sitz der Regi-
onaldirektion der Zölle und wird
noch heute von einer elsässischen
Regionalbehörde genutzt. Die benachbarte Villa im italienischen Stil
(Nr. 15) wirkt dagegen geradezu
schlicht. Haus Nr. 17 ließ sich ein
reicher Kaufmann nach Vorbildern
aus dem Rokoko erbauen. Der Bauherr von Nr. 21 bevorzugte den neogotischen Stil. In Haus Nr. 6, einem
ausladenden Barockbau, hatte die
Aachener und Münchner Feuerver-
sicherungsgesellschaft ihren Sitz.

Musée Tomi Ungerer 12 [E3]

Ein kleiner Abstecher Richtung Ill
führt zu einem ganz speziellen
Highlight der Straßburger Kulturszene. Das Musée Tomi Ungerer –
Centre International de l'Illustration
eröffnete im Herbst 2007 in der Villa Greiner, einem neoklassizistischen Gebäude des 19. Jhs. Der
Straßburger Zeichner und Illustrator Tomi Ungerer › S. 60, der heute
in Irland und Straßburg lebt,
schenkte seiner Heimatstadt insgesamt 11 000 Originalzeichnungen,
Druckgrafiken, Skulpturen, Werbe-
plakate, zahlreiche Fotografien und
seine private Sammlung mechani-
scher Spielzeuge. In einer wechselnden Dauerausstellung werden Teile
der Sammlung zusammen mit Werken anderer Illustratoren des 20.
und 21. Jhs. ausgestellt. Wer mehr
über den Weltbürger Tomi Ungerer
erfahren möchte, findet in einer Bibliothek umfangreiche Fakten (2,
av. de la Marseillaise, Mi–Mo 10–18
Uhr; www.musees-strasbourg.org).

St-Paul 13 [E3]

Die Kirche St-Paul mit ihren zwei
spitzen Türmen nimmt die Landzunge am Zusammenfluss von Ill
und Aar ein. Das äußerst reizvolle
Zusammenspiel von Architektur
und Umgebung hat der Architekt
Louis Muller 1889 genau kalku-
liert. **!** Die spektakuläre Lage des
Baus kommt besonders gut zur Geltung, wenn man sich ihm mit einem
der Ausflugsboote nähert. Ein schöner Blick bietet sich auch vom **Pont
d'Auvergne,** einer Brücke mit orna-

Studententreff mit Tradition in Uninähe: das Café Brant

mental gestalteter Eisenkonstruktion.

St-Paul wurde als evangelische Garnisonskirche geplant, die zahlreichen Zugänge zum Kirchenraum sollten es den vielen Soldaten ermöglichen, den Raum bei ihrem Gottesdienstbesuch rasch zu betreten und anschließend wieder zu verlassen. Im Innern ist noch immer die Empore für den Kaiser und die Generäle zu sehen. Die Fenster sind ein Werk von Roger Schutz aus Taizé. Über dem Hauptportal bilden elf Fenster eine große Rosette.

Place de l'Université [E3]

Über den Pont d'Auvergne gelangt man zum Universitätsplatz. In einer kleinen **Grünanlage** hat Johann Wolfgang von Goethe seinen Standplatz gefunden: Von einem Podest blickt er stolz in die Ferne. Der deutsche Bildhauer Ernest Waegener hat das Denkmal 1904 zum 150. Geburtstag des Dichters geschaffen.

Das **Palais Universitaire 14** [E3] erbaute der Architekt Otto Warth 1879–1884 im Stil der italienischen Renaissance. Statuen mehrheitlich deutscher Gelehrter und Wissenschaftler weisen darauf hin, dass dies eine deutsche Hochschule war. Noch heute bildet das Palais einen Zugang zum alten Universitätsgelände.

Das Innere des Kollegiengebäudes gibt sich überraschend luxuriös: Goldene Fresken zieren den großen überdachten Innenhof mit doppelstöckiger Säulengalerie. Palmen stehen auf dem Marmorboden. Berliner Architekten planten das mehrstöckige Gebäude ursprünglich als Sitz einer Versicherung.

Unter den früheren Professoren der Straßburger Universität ragen der Vorreiter der Mikrobiologie, Louis Pasteur, sowie der international anerkannte Geschichtsprofessor Johann Daniel Schöpflin hervor. Von den ehemaligen Straßburger Studenten erlangte nicht nur Goethe Berühmtheit: Auch Napoleon und Fürst Metternich hörten an der renommierten Universität Vorlesungen.

Zwischenstopp: Restaurant
Café Brant 6 [E3] €

Das bereits 1880 gegründete Café mit seiner großen Terrasse ist ein beliebter Treff nicht nur für Studenten. 2013 sollte es einer Bankfiliale weichen, wurde aber im Oktober 2014 nach heftigen Protesten wiedereröffnet.

- 11, pl. de l'Université
Tel. 03 88 36 89 05
Mo–Fr 7.30–20.30, Sa 9–20,
So 10–20 Uhr

Universitäts-
gelände 15 [F3–4]

Auf dem Universitätsgelände, das sich östlich des Palais erstreckt, wartet Straßburg mit einigen Alternativen zum Spaziergang für einen Schlechtwettertag auf.

Am nächsten liegt das **Musée de Minéralogie** [E4], das aus der Sammlung Professor Hermanns vom Ende des 18. Jhs. hervorging. Es stellt eine der größten Gesteinssammlungen Frankreichs aus, darunter 450 Meteoriten (1, rue Blessig, Mo–Fr nur nach Voranmeldung unter Tel. 03 90 24 04 52, eost.unis tra.fr/musees/mms).

Etwas weniger wissenschaftlich ausgerichtet ist das benachbarte **Musée Zoologique** [F4]. Es besitzt eine Sammlung präparierter Tiere; Dioramen stellen Landschaften wie den Polarkreis oder das Nilufer mit der dort heimischen Fauna vor (29, bd. de la Victoire, Mi–Mo 10–18 Uhr; www.musees-strasbourg.org; Buslinien 7 und 30 bis Musée Zoologique).

Etwas weiter östlich versammelt das **Musée de Sismologie et Magnétisme terrestre** [F4] im Backsteingebäude einer einstigen Erdbebenwarte wissenschaftliche Apparate zur Messung von Erdbeben und Erdmagnetismus (7–9, rue de l'Université, Mi, Sa 14–18 Uhr, Eintritt frei, musee-sismologie. unistra.fr).

Von diesem Museum aus gelangt man direkt in den **Jardin Botanique**, der 1880 zu Studienzwecken angelegt wurde. Auf 3,5 ha Fläche gedeihen 6000 verschiedene Pflanzen, exotische Flora wuchert in Gewächshäusern. Die beschauliche grüne Oase steht unter Denkmalschutz (im Sommer Mo–Fr tgl. 8–19.30, Sa, So 10–19.30 Uhr, im Winter kürzer, kostenlose Führungen So 15.30 Uhr; jardin-botanique. unistra.fr).

Unübersehbar ragt am Nordrand des Geländes die Kuppel des 1880 errichteten **Planetariums** [F4] auf. Hier kann man bei Vorstellungen ferne Galaxien, durchs All schweifende Kometen und Sternbilder entdecken bzw. in der »Sternenkrypta« das Weltall interaktiv erkunden. Vorträge und Filme ergänzen das Angebot (4, rue de l'Observatoire, Derzeit geschl., Wiedereröffnung 2015; jardin-sciences.unistra.fr/planetarium; Tram C, E und F bis Observatoire).

Nightlife

Beliebte Ausgehadressen im Univiertel sind **Le Living Room** › S. 47, **La Salamandre** › S. 47 und die **Party-Schiffe** › S. 115 am Quai des Pêcheurs.

SEITENBLICK

Kunst im öffentlichen Raum

Skulpturen von Hans Arp, Auguste Bartholdi und anderen Künstlern säumen beiderseits die breite Avenue du Général de Gaulle südlich des Botanischen Gartens – Kunstgenuss umsonst und im Freien!

Touren in der Krutenau, im deutschen Viertel und im Europaviertel

Tour ⑤

Krutenau

1. St-Nicolas
2. Historischer Weinkeller
3. Place Ste-Madeleine
4. St-Guillaume
5. Cour du Corbeau
6. Musée Alsacien

Tour ⑥

Deutsches Viertel

7. Palais de Justice
8. St-Pierre-le-Jeune (catholique)
9. Place de la République
10. Parc des Contades
11. Avenue de la Liberté
12. Musée Tomi Ungerer – Centre International de l'Illustration
13. St-Paul
14. Palais Universitaire
15. Unversitätsgelände

Tour ⑦

Europaviertel

16. Palais de l'Europe
17. Parc de l'Orangerie
18. Parlement Européen
19. Palais des Droits de l'Homme

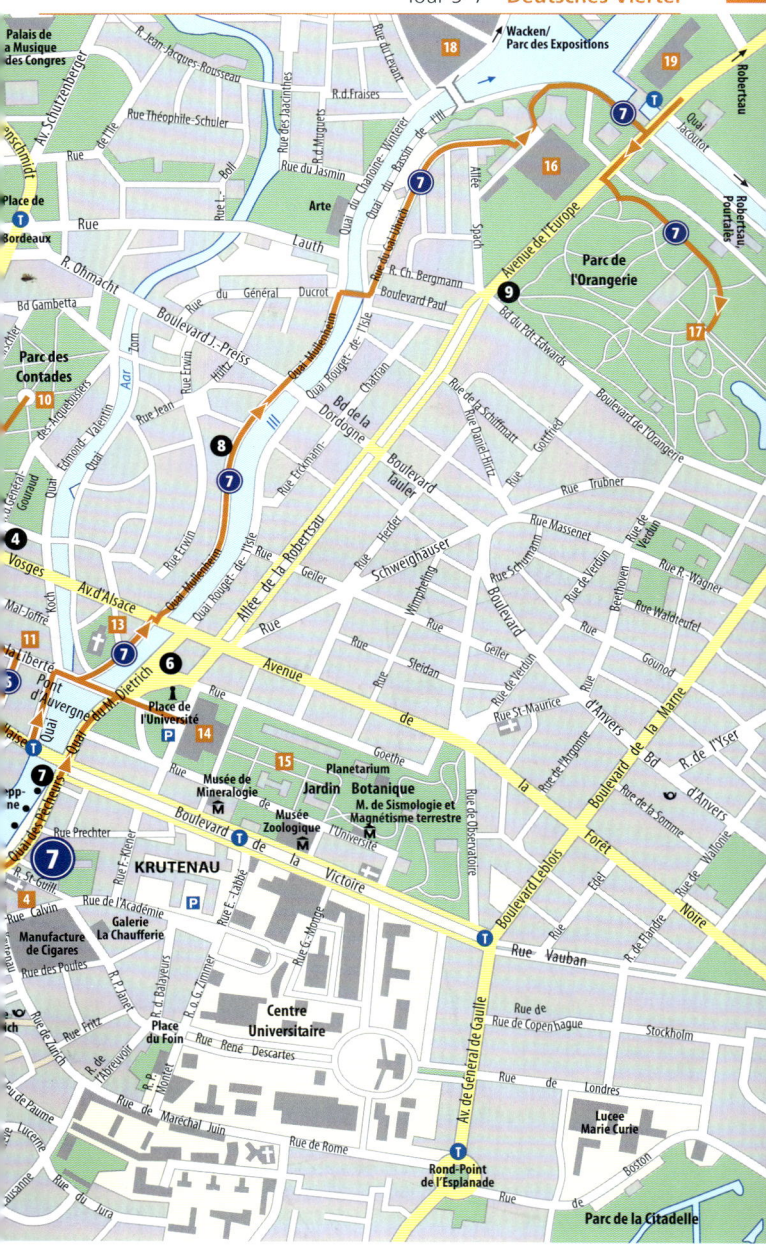

KRUTENAU

Parc de
l'Orangerie

Parc des
Contades

Parc de la Citadelle

Centre
Universitaire

Jardin Botanique

Planetarium

Musée de
Mineralogie

Musée
Zoologique

M. de Sismologie et
Magnétisme terrestre

Place de
l'Université

Galerie
La Chaufferie

Manufacture
de Cigares

Place
du Foin

Lucee
Marie Curie

Rond-Point
de l'Esplanade

Palais de
a Musique
des Congrès

Place de
Bordeaux

Arte

Wacken/
Parc des Expositions

EUROPAVIERTEL

Kleine Inspiration

- **Am Quai des Pêcheurs einen Pernod schlürfen** – an Deck eines ehemaligen Schlepperkahns › S. 130
- **Am Ufer der Ill bummeln** und den Blick über alte Bäume und herrschaftliche Villen schweifen lassen › S. 131
- **Die wechselnden Lichtstimmungen bewundern,** die von der riesigen Glasfassade des Europaparlaments widergespiegelt werden › S. 133

In den futuristischen Glaspalästen am Illufer wird das Europa der Zukunft gestaltet. Gleich nebenan gibt der idyllische Parc de l'Orangerie Gelegenheit zu einer Rast im Grünen.

Wenn das EU-Parlament tagt, sind sie plötzlich überall: Abgeordnete, Presseleute, Dolmetscher ... Die Straßburger hegen gemischte Gefühle gegenüber diesen EU-Funktionären, die die Parkplätze in der Stadt blockieren und die Lebenshaltungskosten in die Höhe treiben. Doch wer wollte auf sie verzichten? Das gastgebende Gewerbe sicherlich nicht.

Schon 1949 bezog mit dem Europarat die erste europäische Institution ihr Domizil an der Ill. Neun Jahre später tagte das Europäische Parlament zum ersten Mal in Straßburg. Der Europäische Gerichtshof für Menschenrechte folgte 1959.

Im Rahmen von Führungen können Besucher einen Blick in die Gebäude werfen, die schon von außen mit ihrer futuristischen Architektur beeindrucken. Europamüde finden gleich nebenan im Parc de l'Orangerie ein ruhiges Rastplätzchen im Grünen.

Unterwegs im Europaviertel

 ## Das moderne Straßburg

Verlauf: Quai des Pêcheurs › Quai Mullenheim › Palais de l'Europe › Parc de l'Orangerie › Parlement Européen › Palais des Droits de l'Homme

Karte: Seite 126
Distanz/Dauer: 2,5 km, 1 Std. (ohne Innenbesichtigungen)
Praktische Hinweise:
• Die Tour lässt sich zu Fuß oder mit dem Fahrrad › **S. 44** unternehmen.

• Die Buslinie 6 fährt ab Homme de Fer oder Place Broglie zum Palais de l'Europe. Die Tram E hält an den Stationen Parc des Contades, Parlement Européen und Palais de l'Europe.
• Idealerweise endet die Tour bei Sonnenuntergang, so kann man die imposante moderne Architektur bei Beleuchtung erleben.
• Innenbesichtigungen der europäischen Institutionen sind nur an Werktagen bzw. an Sitzungstagen und nach Voranmeldung möglich de.strasbourg-europe.eu).

Palais des Droits de l'Homme: Rechtsprechung auf Basis der Menschenrechtskonvention

Tour-Start:
Entlang der Ill

Am Nordende des **Quai des Pêcheurs** [E4] liegen drei ausrangierte Flusskähne *(péniches)* vor Anker, die nun dem Vergnügen dienen: »L'Hippocampe« › **S. 115** ist ein Tipp für Nachtschwärmer, die Kähne »Le Rafiot« › **S. 115** und »Café Atlantico« (tgl. 6–1 Uhr, Tel. 03 88 35 77 81) fungieren abends als DJ-Clubs, tagsüber kann man ⚠ auf Deck mit romantischem Blick auf die Kirche St-Paul einen Kaffee trinken, sanft geschaukelt vom leise glucksenden Wasser der Ill.

Über den Pont d'Auvergne, ein Relikt der Kaiserzeit, gelangt man zum **Quai Mullenheim** am Westufer der Ill. Der Quai wurde nach einer der beiden einflussreichen Patrizierfamilien des Mittelalters benannt, die andere war die Familie Zorn. Nach letzterer ist der Quai am Westufer der Landzunge benannt – ein Treppenwitz der Geschichte, denn die beiden Clans waren sich

ARTE – TV für Kulturfans

Er gibt sich jung, progressiv und vor allem europäisch. Der deutsch-französische Kulturkanal ARTE hat es sich zum Ziel gesetzt, ein integrierendes Medium für Europa zu sein. Der Sender ist verglichen mit anderen europäischen Einrichtungen Straßburgs noch jung: Am 30. Mai 1992 ging ARTE erstmals auf Sendung. Die Redaktion übt sich seither im »regard croisé«: Mit dem wechselseitigen Blick über die Grenzen wollen die Journalisten aus Deutschland und Frankreich Themen aller Art aus beiden Ländern vorstellen.

Der Schwerpunkt liegt auf Kunst und Kultur. Die Redakteure beschränken sich aber keineswegs auf Europa, es werden darüber hinaus ganze Themenabende etwa zu Afrika oder Asien gesendet. Kaum ein Gegenstand ist ARTE zu abseitig, bekannte Sachverhalte werden aus ungewöhnlichen Perspektiven dargestellt, um dem Zuschauer neue Sichtweisen zu eröffnen.

Das Konzept des Senders ging bislang auf: Zwei Drittel seiner französischen und drei Viertel seiner deutschen Zuschauer sehen in dem Programm einen Beitrag zur Völkerverständigung. Die Partner hinter den Kulissen, ARD, ZDF und La Sept ARTE, freut dies trotz niedriger Einschaltquoten. Das in mehreren Sprachen ausgestrahlte Programm ist in ganz Europa zu empfangen.

Bei der Vorbereitung auf eine Elsass-Reise kann das sonntags um 20 Uhr ausgestrahlte Format »Karambolage« hilfreich sein. Auf informative und witzige, oft verblüffende Weise werden hier deutsche und französische Klischees auf ihren Wahrheitsgehalt hin untersucht. Die Nachrichtensendung »ARTE Journal« beleuchtet täglich um 12.45 und 19 Uhr aktuelle Ereignisse in beiden Ländern unter einem europäischen Blickwinkel (Infos bei ARTE, 4, quai du Chanoine Winterer, 67080 Strasbourg Cedex. Für Zuschauer aus Deutschland: ARTE Zuschauerdienst, Tel. 0180-500 24 88, www.arte.tv).

zu Lebzeiten spinnefeind. Auf dem Uferweg lässt es sich schön bummeln. Das Panorama mit alten Bäumen und herrschaftlichen Villen wirkt vornehm und gediegen. Die dritte Brücke nach dem Pont d'Auvergne, ein Passerelle Ducrot genannter Fußgängersteg, führt schließlich wieder zum anderen Illufer hinüber. Über die Rue du Général Uhrich und die Avenue du Président Schuhman gelangt man in wenigen Schritten zu Straßburgs »Europolis«, wo vis-à-vis des Palais de l'Europe auch der Fernsehsender ARTE seinen Sitz hat › **S. 130**.

Zwischenstopp: Restaurants
Le Rafiot ❼ **[E4]** €
Auf dem Flusskahn werden neben Getränken auch Kuchen, kleine Snacks und Salate serviert.
• Quai des Pêcheurs | www.rafiot.net
Do–Sa 22–4, So 10–1.30, sonst 12 bis 1.30 Uhr

Zuem Ysehuet ❽ **[F2]** €€
Weinlaubumranktes Haus mit schöner Gartenterrasse an der Ill; raffiniert verfeinerte Regionalküche.
• 21, quai Mullenheim
Tel. 03 88 35 68 62
www.zuem-ysehuet.com
Sa/So und Okt.–April geschl.

Palais de l'Europe 🔢 [G1]
Vor den Stufen zum Palais de l'Europe wehen die bunten Flaggen der 47 Mitgliedsstaaten des Europarats (Conseil de l'Europe) › **Kasten S. 132**. Dahinter steigt die moderne Fassade des Gebäudes aus Aluminium und goldbraunem Glas auf. Der

Henri Moore schuf diese Plastik vor dem Palais de l'Europe

Bau des französischen Architekten Henry Bernard wurde 1977 eingeweiht.

Er ist Sitz des Europarats und beherbergt mehr als 1300 Büros, dazu Versammlungs- und Seminarräume sowie Bibliotheken. Hinter der verglasten Rotunde an der Ecke des Gebäudes befindet sich der Sitzungssaal des Ministerkomitees. Dort treten regelmäßig die Außenminister der Mitgliedsstaaten zusammen.

Der zeltförmige Plenarsaal des Palais de l'Europe verfügt über 560 Sitzplätze. Er ist der Tagungsort der Parlamentarischen Versammlung des Europarats, die aus Vertretern der nationalen Parlamente besteht. Bis 1998 tagte dort auch das Europäische Parlament (EuP), das als

Das Agora-Gebäude des Europarats

SEITENBLICK

Europa wird stärker

Der **Europarat** (EuR, www.coe.int/de) ist eine zwischenstaatliche Organisation auf völkerrechtlicher Grundlage. Am 5. Mai 1949 unterzeichneten Belgien, Dänemark, Frankreich, Irland, Italien, Luxemburg, die Niederlande, Norwegen, Schweden und Großbritannien in London die Gründungssatzung. Deutschland trat 1950 bei, Österreich 1956, die Schweiz 1963. Auch Staaten, deren Territorium zum größten Teil außerhalb Europas liegt, gehören dazu, wie etwa die Türkei. Derzeit umfasst der EuR 47 Mitglieder, Weißrussland hat sich um den Beitritt beworben. Hauptaufgabe des EuR ist die Stärkung der politischen, rechtlichen, kulturellen und sozialen Zusammenarbeit. So hat er einen Aktionsplan zur Bekämpfung von Rassismus, Antisemitismus und Intoleranz erarbeitet. Verstöße gegen die Menschenrechte können vor dem **Europäischen Gerichtshof für Menschenrechte** verhandelt werden.

Neben der Europäischen Kommission, in welche die Regierungen Mitglieder entsenden, und dem Europäischen Rat der Staats- und Regierungschefs gehört das **Europäische Parlament** (EuP, www.europarl.europa.eu) zu den drei entscheidenden Gemeinschaftsorganen der EU. »Alte« Mitgliedsländer sind Belgien, Dänemark, Deutschland, Finnland, Frankreich, Griechenland, Großbritannien, Irland, Italien, Luxemburg, die Niederlande, Österreich, Portugal, Schweden und Spanien. 2004 wurden Estland, Lettland, Litauen, Malta, Polen, Slowakei, Slowenien, Tschechische Republik, Ungarn und die Republik Zypern neue Mitglieder, 2007 Bulgarien und Rumänien. 2013 ist Kroatien beigetreten. Das EuP wird alle fünf Jahre direkt gewählt. Als demokratisch legitimiertes Organ hat es jedoch bislang wenig Kontrollbefugnisse gegenüber dem Europäischen Rat und der Kommission. Mit den Änderungen des EU-Vertrags, welche nun von den Unterzeichnerstaaten ratifiziert werden, wird das EuP mehr Rechte erhalten und bei vielen Gesetzgebungsverfahren mitentscheiden können (mehr unter europa.eu).

Organ der EU alle fünf Jahre direkt gewählt wird (Infos zu Führungen beim Europarat Point i in der Zentralbibliothek links vom Haupteingang oder beim Besucherdienst, Tel. 03 88 41 20 29; www.coe.int).

Parc de l'Orangerie 17 ⭐ [G–H2]

Der herrliche Park grenzt direkt an den Palais de l'Europe. 1804 ließ die Stadt eine Orangerie anlegen, um hier die Orangenbäume des Schlosses von Bouxwiller überwintern zu lassen und später auch zu züchten. Kaiserin Joséphine, die bei der Bevölkerung sehr beliebte Gemahlin Napoleons, weihte das Gebäude ein, weshalb es auch Pavillon Joséphine genannt wurde.

Mit seinen bunten Blumenrabatten, duftenden Rosengärten sowie alten Buchen und Platanen zählt der 25 ha große Park zu den schönsten Grünanlagen in Straßburg. Von Juni bis September erstrahlt er jeweils von Einbruch der Dunkelheit bis Mitternacht in leuchtender Illumination. Dazu ertönt am Wochenende zwischen 20 und 22 Uhr stimmungsvolle Musik. Zur Orangerie gehören außerdem ein ❗ See und ein kleiner Tiergarten. **50 Dinge** ⑧ › S. 12.

Restaurant

In Seenähe steht ein Fachwerk-Bauernhof von 1607, der ursprünglich aus Molsheim stammt und an dieser Stelle aus dem Originalmaterial wieder aufgebaut wurde. Dieses **Buerehiesel** beherbergt heute das gleichnamige elegante Spitzenrestaurant › S. 34.

Parlement Européen 18 ⭐ [G1]

Der gigantische Neubau des Europaparlaments am Illufer gegenüber dem Palais de l'Europe wurde 1999 fertig gestellt. Die ständig steigende Zahl der Europa-Parlamentarier hatte ihn notwendig gemacht. Bei dem elegant geschwungenen Glaspalast handelt es sich um das flächenmäßig größte Bauwerk Europas. Die verspiegelte ❗ Fassade bietet besonders bei dramatischen Lichtstimmungen einen grandiosen Anblick. Einige der verwendeten Hightech-Materialien wurden eigens für den Bau entwickelt. Dem alle fünf Jahre gewählten Europaparlament (die letzte Wahl fand im Mai 2014 statt) gehören 785 Mitglieder an. Sie tagen an jeweils vier Tagen im Monat und bringen mit ihrem Tross die Gastronomie der Stadt an die Grenzen ihres Leistungsvermögens (Auskünfte zu

Pavillon in der Orangerie

Architekturmeilensteine

••••••••••••••••••••••••••••••••••

- Bei der Planung des **Musée d'Art Moderne et Contemporain** › S. 94 ließ der Pariser Stararchitekt Adrien Fainsilber sich von gotischer Kathedralarchitektur inspirieren.
- Die moderne Platzgestaltung der **Place Kléber** › S. 102 kontrastiert auf spannende Weise mit den angrenzenden historischen Gebäuden, insbesondere mit der klassizistischen Aubette.
- 1926–28 gestalteten Hans Arp, Sophie Taeuber-Arp und Theo van Doesburg einige Räume in der **Aubette** › S. 102 nach den ästhetischen Prinzipien von De Stijl.
- Die futuristische Architektur der **Tramhaltestelle Homme de Fer** › S. 104 spiegelt mit baulichen Mitteln deren Funktion als Knotenpunkt wider. Sehenswert ist auch die **Endhaltestelle Hoenheim Gare** (Tram B), ein Entwurf der Architektin Zaha Hadid.
- Für das **Musée Tomi Ungerer –** Centre International de l'Illustration › S. 123 wurde eine klassizistische Villa umgestaltet – besonders gelungen ist die Inszenierung der Eingangssituation.
- Demokratische Grundprinzipien wie Transparenz und Durchlässigkeit soll die futuristische Hightech-Architektur des **Parlement Européen** und des **Palais des Droits de l'Homme** widerspiegeln › S. 133, 134.

Führungen beim Informationsbüro, an der Allée du Printemps, Tel. 03 88 17 51 84, www.europarl.europa.eu).

Palais des Droits de l'Homme 19 ⭐ [H1]

Das Gebäude des Europäischen Gerichtshofs für Menschenrechte wurde 1995 fertiggestellt. ❗ Den Hightech-Palast aus poliertem Aluminium hat der britische Architekt Sir Richard Rogers (Centre Pompidou) entworfen. Zwei mächtige, schräg abgeflachte Zylinder aus Edelstahl flankieren den Eingang des Komplexes, vor dem ein Betonsegment der Berliner Mauer aufgestellt wurde. Der ganze Bau scheint in ein signalrotes stählernes Gerüst eingehängt zu sein. Man kann den Koloss aus Metall, Beton und Glas auch von innen besichtigen, die Cafeteria und die Bibliothek sind öffentlich zugänglich (Infos zu Führungen beim Besucherdienst, Tel. 03 88 41 20 18, www.echr.coe.int, unter »Information visits« bzw. »Visites d'information«).

Zwischenstopp: Restaurant
Chez Franchi 9 [G1] €€
Im Restaurant des Straßburger Eiscremepapstes › S. 38 kann man neben Pizza, Pasta & Co. natürlich auch die gesamte Palette an Franchi-Eissorten probieren.

- 8, ave. de l'Europe
  Tel. 03 88 36 34 34
  Sa–Mo geschl.

Elsass wie aus dem Bilderbuch in Colmar

AUSFLÜGE & EXTRA-TOUREN

Kleine Inspiration

- **Radfahren nach Pourtalès** – zu Schloss, Skulpturengarten und durch naturbelassenen Auwald › S. 136
- **Staunen über die Bildgeschichten des Isenheimer Altars** im zauberhaften Colmar › S. 138
- **Zeitreise ins Mittelalter machen** bei einem Spaziergang durch die engen Gassen des Dörfchens Boersch › S. 142

Ausflüge

Pourtalès per Rad

**Altstadt › Château de Pourtalès ›
Robertsauer Auwald**

Karte: Seite 136
Dauer: mindestens ½ Tag, 6 km

Praktische Hinweise:
• Beschilderte Radwege (Palais de
l'Europe, Robertsau, Pourtalès) er-
leichtern die Orientierung. Radver-
leih › **S. 44.**

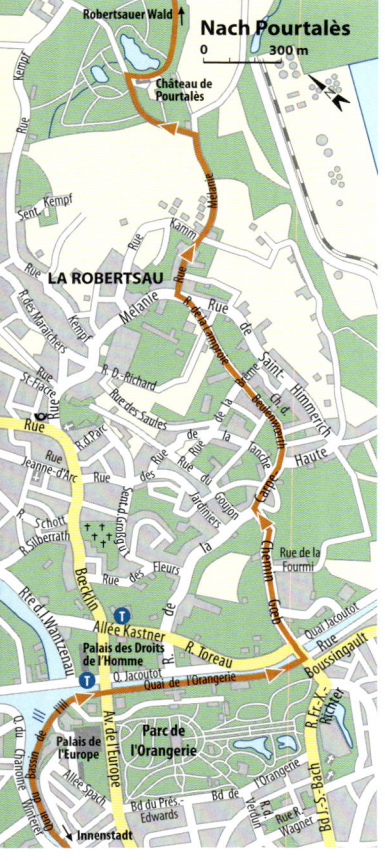

Etwa 30 Radminuten vom Straßburger Zentrum entfernt liegen das
Château de Pourtalès und der erhol-
same Robertsauer Auwald. Man
verlässt die Altstadt Richtung Norden. Vorbei am Palais de l'Europe,
über den Pont de la Porte du Canal
erreicht man das frühere Fischer-
dorf und heutige Nobelviertel Robertsau. Die Rue Mélanie führt direkt in den Schlosspark.

Das **Château de Pourtalès** (6 km)
war im 18. Jh. Residenz der Familie
de Bussière. Ende des 19. Jhs. wurde
das Schloss umgebaut. Aus dieser
Zeit stammen die Neorenaissance-
fassade und der Salon im Louis XVI.-Stil. Heute beherbergt das
Schloss ein Hotel mit Restaurant
(161, rue Mélanie, Tel. 03 45 84 64,
www.chateau-pourtales.eu, €€). Der
weitläufige Park entpuppt sich als
Skulpturengarten. Auf dem Rasen
treffen sich im Sommer Familien
zum Picknick.

Im **Robertsauer Auwald** führen
Platanenalleen und Naturpfade am
Rhein entlang. Man passiert Baum-
riesen, Wiesen, Felder und ein Ge-
höft, das der Baron de Bussière 1876
im Stil eines nordländischen Bau-
ernhofs errichten ließ.

Colmar 1 ⭐

Straßburg › Colmar

Karte: Seite 142
Dauer: 1 Tag, ca. 65 km
Praktische Hinweise:

- Von Straßburg verkehren stündlich Züge nach Colmar (Fahrtdauer ca. 30 Min., Fahrpläne unter www.sncf.fr oder unter www.bahn.de). Die Anreise per Pkw erfolgt über die A 35.
- Besonders lohnend ist ein Colmar-Besuch zur Zeit der Weinmesse im August (genauer Termin und ausführliches Veranstaltungsprogramm unter www.foire-colmar.com) oder im Dezember, wenn die ganze Altstadt zur stimmungsvollen Kulisse des Weihnachtsmarkts wird.

Unter dem Namen Columbarium (Taubenschlag) im Jahr 823 erstmals urkundlich erwähnt, entwickelte sich Colmar im ausgehenden Mittelalter zu einem Zentrum des Humanismus und der Reformation. Heute ist Colmar nach Straßburg und Mülhausen die drittgrößte Stadt des Elsass, sein gut erhaltenes architektonisches Erbe und die Museen können sich durchaus mit Straßburg messen. Allein schon das Musée d'Unterlinden mit dem berühmten Isenheimer Altar ist die Reise wert. Die malerische Altstadt lädt zum Shoppen und Genießen ein, hinter ihren Fachwerkfassaden verbergen sich schicke Boutiquen, Delikatessengeschäfte und gemütliche Weinstuben. Insbesondere das liebevoll restaurierte Gerberviertel und Klein-Venedig haben Colmar den Ruf der »elsässischsten aller elsässischen Städte« eingebracht.

Altstadt

Gut erhaltene Bürgerhäuser aus dem Mittelalter und der Renaissance machen die Colmarer Altstadt zu einem architektonischen Schmuckstück: Das älteste ist die **Maison Adolphe** von 1350 (Place de la Cathédrale). Sehenswert sind weiterhin das 1480 errichtete und im 16. Jh. erweiterte **Koifhus** (Place de l'Ancienne Douane), die 1537 für einen reichen Hutmacher erbaute **Maison Pfister** (7, rue des Marchands), und die **Maison des Têtes** (19, rue des Têtes), deren Fassade etwa 100 Köpfe bzw. Masken zieren. Die Maison des Têtes beherbergt heute ein Hotel mit 19 behaglichen Zimmern und ein Restaurant mit ruhigem Innenhof (www.la-maison-des-tetes.com).

Dominiert wird die Altstadt von der gotischen Stiftskirche **St-Martin** mit ihrem 71 m hohen Turm. Einen genaueren Blick lohnt der Skulpturenschmuck der Portale. Die im 13. Jh. erbaute **Dominikanerkirche** birgt Martin Schongauers berühmte »Madonna im Rosenhag« (1473) und wunderbare Glasfenster aus dem 14. und 15. Jh. Zu den Kunstschätzen der ehemaligen Franziskanerkirche, der heutigen protestantischen Kirche **St-Matthieu,** zählen der Lettner, eine Silbermannorgel sowie Glasfenster aus der Werkstatt Peter Hemmels von Andlau › **S. 58.**

Nostalgisch-charmanter Quay de la Poissonnerie im Viertel Petite Venise

Das am Flüsschen Lauch gelegene **Gerberviertel** ist mit seinen Brücken und Fachwerkhäusern mindestens genauso romantisch anzuschauen wie sein Pendant in Straßburg. Im Süden schließt sich **Petite Venise** an, Klein Venedig. Zu den beliebtesten Fotomotiven des Viertels gehört der Quai de la Poissonnerie, an dem einst die Fischer ihre Häuser hatten. Bei der Brücke an der Rue Turenne starten Flusskähne zu Erkundungsfahrten.

Ein absolutes Muss für Colmar-Besucher ist das Musée d'Unterlinden mit Matthias Grünewalds berühmtem Isenheimer Altar. Derzeit wird er restauriert, bleibt aber

Trügerische Idylle – Hansis Elsass-Bild

Colmar ist die Heimatstadt von Jean-Jacques Waltz alias Hansi (1873–1951), einem elsässischen Grafiker, Karikaturisten und französischen Nationalisten. 1913, am Vorabend des Ersten Weltkriegs, setzte er seiner Heimat mit dem Bilderbuch »Mon Village« ein Denkmal. Die Dorfszenen mit spielenden, in elsässische Nationaltracht gekleideten Kindern, noch heute überall als Postkarten erhältlich, haben das Bild vieler Menschen vom Elsass geprägt. Die Idylle ist jedoch nur oberflächlich; wer genau hinschaut, erkennt die versteckte Kritik an den deutschen Besatzern, die als hässliche Touristen, anmaßende Offiziere oder dummdreiste Gendarmen den Frieden stören. Die deutsche Obrigkeit verbot Hansis Bücher, die Elsässer versteckten sie in ihren Häusern – eine stille Form des Widerstands. Der Künstler wurde mehrmals inhaftiert, während der erneuten Besetzung 1941 von der Gestapo fast zu Tode geprügelt. 2008 gab der Stuttgarter Verlag Urachhaus das Buch »Mon Village« unter dem Titel »Mein Dorf. Das Elsass, wie es einstmals war« neu heraus.

zugänglich, bis 2015 in der Dominikanerkirche. Das hochkarätige Museum birgt zudem Meisterwerke von Schongauer, Cranach und Holbein, mittelalterliche Skulpturen und moderne Kunst. Bisher wurden die Schätze in einem Kloster aus dem 13. Jh. präsentiert, doch bis Herbst 2015 verdoppelt sich die Ausstellungsfläche durch den Umbau eines Jugendstilbades und einen Neubau von Herzog & de Meuron (1, rue d'Unterlinden, Mai–Okt. tgl. 9–18, Nov.–April Mi–Mo 9–12, 14 bis 17 Uhr; www.musee-unterlinden.com).

Wer mit Kindern unterwegs ist, kann das **Spielzeugmuseum** (Musée du Jouet) mit historischen Puppen und einer riesigen Modelleisenbahnanlage besuchen (40, rue Vauban, Jan.–Juni und Okt.–Nov. tgl. außer Di 10–12 und 14–18 Uhr, Juli–Aug. und Dez. tgl. 10–18 Uhr; www.museejouet.com).

Info

Office de Tourisme
• 32, cours Ste-Anne | 68000 Colmar
Tel. 03 89 20 68 92
www.ot-colmar.fr

Hotel und Restaurant

Grand Hôtel Bristol €€
Die Zimmer bieten den gewohnten Komfort der Best Western-Kette; im Michelin-prämierten Hotelrestaurant »Rendez-Vous de Chasse« kreiert Michaela Peters durch Aromenvielfalt überzeugende Gourmetküche.
• 7, place de la Gare
Colmar | Tel. 03 89 23 59 59
www.grand-hotel-bristol.fr

Nördliche Weinstraße

Straßburg › Marlenheim › Molsheim › Rosheim › Boersch › Obernai › Mont Ste-Odile

Karte: Seite 142
Dauer: mindestens 1 Tag, Rundfahrt insgesamt etwa 80 km
Praktische Hinweise:
• Infos über die Region auch auf Deutsch bietet die Webseite www.alsace-route-des-vins.com. Weinproben vermitteln alle Verkehrsämter entlang der Weinstraße.
• Pkw-Anreise nach Marlenheim auf der A 351/D 1004, die Weinstraße (Route des Vins, D 422/D 35) ist ausgeschildert. Zum Mont Ste-Odile führt die D 214. Nach Molsheim, Rosheim und Obernai bestehen Bahnverbindungen. Marlenheim wird von der Buslinie 230 angefahren (ab Haltestelle Les Halles bzw. Place de la Gare), von dort verkehren die Linien 234/235 nach Marlenheim. Die Linie 257 bedient die Strecke Obernai–Boersch–Otrott–Mont Ste-Odile.

Im Aroma liegt die Kraft, meinen die elsässischen Winzer. Probieren geht über Studieren auf der nördlichen Route des Vins d'Alsace. Zwischen blumengeschmückten Fachwerkhäusern und Renaissancebrunnen haben Weinbauern bei einem Glas Elsässer allerlei Geschichten über Land und Leute zu erzählen.

Marlenheim [2]

Der Ort (3000 Einw.) ist das nördliche Tor zur elsässischen Weinstraße. Bereits im 6. Jh. wussten die Merowinger die sonnige Südhanglage am Marlenberg zu schätzen. Der Weinberg »Steinklotz« zählt zu den besten Einzellagen des Elsass. Am Rathausplatz beginnt ein 90-minütiger Lehrpfad (Hinweis »Sentier Viticole«) durch die Rebhänge, der mit Schautafeln über Anbaumethoden und Rebsorten informiert. Er berührt auch eine barocke **Wallfahrtskirche** samt Kreuzweg.

Im Ortskern blieben einige sehenswerte Häuser aus dem Spätmittelalter und der Renaissance erhalten; die **Maison aux Dîmes** in der Rue Traversière Nr. 2 wurde bereits im 13. Jh. erbaut. Die **Richardiskirche** von 1716 besitzt noch ein romanisches Portal. Etwas außerhalb des Ortes stehen am Flüsschen Mossig einige alte Wassermühlen.

Info

Office de Tourisme
- 11, pl. du Kaufhaus
  67520 Marlenheim
  Tel. 03 88 87 75 80
  www.laporteduvignoblealsace.fr

Weinproben

Der Winzer **Richard Specht**, 6, place Maréchal Leclerc, Tel. 03 88 87 50 82, bietet auf Anfrage Weinkellerbesichtigungen und Proben (Mo–Sa 9–19 Uhr). **Michel Florence,** 3, rue Witthor, Tel. 03 88 87 56 86, ist auf Schaumweine spezialisiert (Mi–Fr 17–19, Sa 14–18 Uhr, So auf Anfrage).

Molsheim [3]

Hohe Pappelreihen, Spalierobst, eng bestandene Rebhänge und Äcker säumen die D 422 nach Molsheim. Der Ort (10 000 Einw.) wurde vor allem durch seine 1909 eröffneten Autowerke bekannt. Bis 1939 stellte die Fabrik des Mailänders Ettore Bugatti Automobile her, heute die Messier-Bugatti-Werke Fahrgestelle für Flugzeuge. Einige Bugattis sind im **Musée de la Chartreuse** zu sehen, das in den Räumen der ehemaligen Kartause Exponate zur Stadtgeschichte und Volkskunde präsentiert (4, cour des Chartreux, Mai–Mitte Okt. Mi–Mo 14 bis 17, Mitte Juni–Mitte Sept. auch 10 bis 12 Uhr). Im September treffen sich Oldtimerfreunde in Molsheim zum Bugatti-Festival (Infos unter Tel. 06 07 25 95 85).

An der **Place de l'Hôtel de Ville** steht ein auffallend schöner Renaissancebau, die Metzig. Das ehemalige Zunfthaus der Metzger von 1525 mit der zweiläufigen Außentreppe und den kunstvoll gearbeiteten Maßwerkbrüstungen ist ein beliebtes Fotomotiv.

Das **Haus Nr. 21,** 1422 errichtet, gilt als ältestes Wohnhaus der Stadt. Weitere historische Häuser stehen in der Rue de Strasbourg und der Rue Jenner. Die Kirche **Ste-Trinité** (1615–1618) gehörte zu einem Jesuitenkolleg, das ein Zentrum der Gegenreformation im Elsass bildete. Von der ursprünglich farbigen Ausmalung zeugen die Fresken der Kapellen im Querschiff. Größter Schatz der Kirche ist eine Silbermannorgel von 1781.

Im Winter müssen die Weinreben sorgfältig von Hand beschnitten werden

Info

Office de Tourisme

• 67120 Molsheim | 19, pl. de l'Hôtel de Ville | Tel. 03 88 38 11 61
www.ot-molsheim-mutzig.com

Hotel

Hôtel du Centre €–€€
Familienhotel in historischem Gebäude in guter ruhiger Lage. Bei schönem Wetter Frühstück im Garten.

• Molsheim | 1, rue St-Martin
Tel. 03 88 38 54 50
www.hotelducentre-alsace.fr

Restaurant

Au Cerf €
Flammkuchenvariationen und Elsässer Spezialitäten – im Sommer auch auf der Terrasse.

• Molsheim | 55, rue de Saverne
Tel. 03 88 48 85 53
www.au-cerf-molsheim.com
Mo, Do Abend und Sa Mittag geschl.

Weinproben

Bei **Pierre Hoerter,** 45, rue de Saverne, Tel. 03 88 38 76 95, und **Alphonse Kaes,** 12, pl. de la Liberté, Tel.

03 88 38 55 47, wird bei Verkostungen Baeckeoffe zum Riesling und Münsterkäse zum Gewürztraminer serviert. Vor der Kellerprobe geht es per Kutsche 1,5 Std. durch die Weinberge.

Rosheim **4**

Zu den schmucken Fachwerkdörfern an der Weinstraße gehört auch Rosheim, das viel Flair und eine besonders stilreine romanische Kirche besitzt: die Basilika St-Pierre-et-Paul im historischen Zentrum › **S. 55.** Romanisch ist auch die burgähnliche **Maison Païenne,** die als ältestes Steinhaus im Elsass gilt. Von der einstigen Stadtbefestigung blieben drei Tore erhalten – mit einem Wehrturm ausgestattet ist die Porte Basse.

Hotel

Hostellerie du Rosenmeer €–€€
Typisches Haus mit Winstub, einige Zimmer bieten einen schönen Blick auf den Mont Ste-Odile.

• Rosheim | 45, av. de la Gare
Tel. 03 88 50 43 29
www.le-rosenmeer.com

Boersch 5

Wie im Mittelalter betritt man das noch ursprüngliche Elsässerdorf durch eines der drei um 1340 errichteten Stadttore. Der Spaziergang durch die engen Gassen ist eine Zeitreise. Der kopfsteingepflasterte **Rathausplatz** mit dem Renaissancebau des **Hôtel de Ville,** dem **Sechseimerbrunnen** und den verzierten Fachwerkhäusern verströmt ein liebenswert gestriges Flair.

Obernai 6

Obernai (10 000 Einw.) gehört zu den Höhepunkten an der Weinstraße. Im Sommer herrscht am **Marktplatz** vor der bunten Fachwerkkulisse dichtes Gedränge. **Rathaus, Altes**

Kornhaus (Ancienne Halle aux Blés) und **Odilienbrunnen** bilden hier ein reizvolles Ensemble. In den krummen Gassen entdeckt man Häuser mit Erkern und Klappläden mit ausgesägten Herzen. Hinter Toreinfahrten liegen verwinkelte Höfe, Holztore zeigen prächtige Schnitzereien. Über der Szenerie erhebt sich der spitze Kapellturm, ein Überrest der ehemaligen Kapellkirche. Der Sechseimerbrunnen am Ende der Rue du Chanoine Gyss zählt zu den schönsten dieser typisch elsässischen Brunnen. Wenn auch mit einem Hauch von Freilichtmuseum, so wirkt Obernai doch wie eine elsässische Kleinstadt aus dem 16./17. Jh.

1	Colmar	**4**	Rosheim	**7**	Mont Ste-Odile
2	Marlenheim	**5**	Boersch		
3	Molsheim	**6**	Obernai		

Info

Office de Tourisme
• 67213 Obernai | Place du Beffroi
Tel. 03 88 95 64 13 | www.obernai.fr

Hotel

La Cloche €
20 Zimmer in einem Fachwerkhaus aus
dem 14. Jh. Heimelige Gaststube mit
Wandgemälden und kunstvollen Glas-
fenstern.
• Obernai | 90, rue du Général Gouraud
Tel. 03 88 95 52 89
www.la-cloche.com

Restaurant

La Halle aux Blés €€
Elsässische Spezialitäten in der alten
Kornhalle.
• Obernai | Place du Marché
Tel. 03 88 95 56 09
www.halleauxbles.com

Mont Ste-Odile 7

Der Heilige Berg des Elsass ist wegen seiner prächtigen Aussicht ein
beliebtes Ausflugsziel. Er wird von
einer 10 km langen **Steinmauer**
(Mur Païen) umgeben, bei der es
sich vermutlich um einen keltischen
Ringwall handelt. Das **Kloster** auf
dem Bergrücken zählt zu den bedeutendsten Pilgerzielen im Elsass.
Es wurde Ende des 7. Jhs. von der
hl. Odilie gegründet, der Schutzpat-
ronin der Region. Ihre sterblichen
Überreste ruhen in der Odilienka-
pelle (tgl. 8–21 Uhr, 9.–22. Jan. und
17. bis 30. Nov. geschl., wichtige
Wallfahrten: 1. So im Juli, 15. Aug./
Mariä Himmelfahrt, 13. Dez.). Mar-
kierte Wanderwege erschließen die
waldreiche Umgebung.

Trachtengruppe auf dem Marktplatz
von Obernai

Hotel

Hôtellerie du Mont Ste-Odile €
Von den Nonnen geleitete Klosterher-
berge mit 110 einfachen Zimmern und
gutem Restaurant; frühzeitige Anmeldung erforderlich.
• 67530 Ottrott | Tel. 03 88 95 80 53
www.mont-sainte-odile.com

SEITENBLICK

Weinfeste

Von April bis September beleben alljährlich über 50 Weinfeste die
schmucken Fachwerkdörfer der Elsässischen Weinstraße. Marlenheim feiert am 3. Sonntag im Oktober, Molsheim veranstaltet am 1. Mai eine
Weinmesse und am 2. Oktoberwo-
chenende ein Weinfest. In Obernai
dreht sich am 2. Augustwochenende
und am 3. Sonntag im Oktober alles
um den Rebensaft.

Extra-Touren

Tour 8 — Straßburg für Tagesbesucher

Verlauf: **Münsterplatz** › **Musée de l'Œuvre Notre Dame / Palais Rohan** › (Bootsfahrt auf der Ill) › **Place du Marché aux Cochons de Lait** › **Ancienne Douane** › **St-Thomas** › **Petite France** › **Ponts Couverts** › **Vauban-Wehr** › **Musée d'Art Moderne et Contemporain**

Karte: Faltkarte
Distanz/Dauer: 2,5 km; 45 Min. reine Gehzeit
Praktische Hinweise:
Nur wenige Schritte vom Münsterplatz entfernt liegen die Tramhaltestellen Place Broglie (Tram B, C, F), Homme de Fer (A–D, F) und Langstross/Grand'Rue (Tram A, D). Von den letzteren beiden Haltestellen kann auch die Rückfahrt angetreten werden. Morgens herrscht am Münsterplatz noch am wenigsten Trubel; man beginnt den Rundgang daher am besten schon um 9 Uhr. Wer einen Museumsbesuch plant, sollte die ungewöhnlichen Öffnungszeiten der städtischen Museen beachten › S. 154. Ein Tag reicht kaum für die Besichtigung aller Museen – je nach Interesse ist eine Auswahl zu treffen.

Der Rundgang durch das alte Straßburg beginnt am **Münsterplatz** › S. 66, den historische Fachwerkbauten wie die reich verzierte **Maison Kammerzell** › S. 76 säumen. Mit der Boutique Culture in der **Pharmacie du Cerf** › S. 76 und dem Office de Tourisme in Haus Nr. 17 haben hier zwei zentrale Informationsstellen ihren Sitz. Dominiert wird der Platz von der himmelstrebenden Westfassade des **Münsters** › S. 68, die als Meisterwerk gotischer Baukunst und -plastik gilt. Auch das Kircheninnere birgt hochkarätige Kunstschätze; bewundert haben sollte man zumindest die mittelalterlichen Glasfenster, die Kanzel, den Engelspfeiler und die Astronomische Uhr. Wer die Mühe nicht scheut, steigt anschließend zur Aussichtsplattform des Südturms hinauf und verschafft sich einen Überblick über die Straßburger Altstadt. Wieder unten angelangt, finden

In der Rue Marroquin liegt diese traditionelle Weinstube

Illfassade der Ancienne Douane, des ehemaligen Zollgebäudes

sich am Münsterplatz ausreichend Cafés für ein zweites Frühstück mit Café Crème und Croissant.

Der malerische Gebäudekomplex auf der Südseite des Münsters beherbergt das **Musée de l'Œuvre Notre Dame** › S. 74, zu dessen Glanzstücken die Originalskulpturen und Baurisse des Münsters zählen. Alternativ können im angrenzenden **Palais Rohan** › S. 82 die ehemaligen Wohnräume der Fürstbischöfe besichtigt werden; der Prachtbau beherbergt zudem eine archäologische, eine kunstgewerbliche und eine Gemäldesammlung. Eindrucksvoll ist aber allein schon die Architektur der Residenz, die ihre Schauseite dem Illufer zukehrt. Wer möchte, kann hier den Rundgang für eine Bootsfahrt auf der Ill unterbrechen – die Ausflugsboote legen vor dem Palais Rohan ab › S. 43. Andernfalls folgt man dem idyllischen Uferweg entlang der Ill, der mit Bänken immer wieder zum Verweilen und Schauen einlädt. Am pittoresken **Ferkelmarkt** › S. 85 und der **Ancienne Douane** › S. 88 vorbei gelangt man zur Kirche **St-Thomas** › S. 89, die ein wahres Museum der Grabmalkunst darstellt. Weiter dem Ufer folgend erreicht man das Schleusenwerk der **Petite France** › S. 91, mit blumengeschmückten Fachwerkhäusern, alten Mühlen und Brücken eine der idyllischsten Ecken der Stadt. Am besten lässt man sich einfach durch die Gassen des Viertels treiben, wen der Hunger plagt, findet auf Schritt und Tritt nette Cafés und Restaurants. Ein schöner Blick auf das Ensemble bietet sich von der Aussichtsterrasse des **Vauban-Wehrs** › S. 92, das man über die **Ponts Couverts** › S. 92 erreicht, Überreste der alten Stadtbefestigung. Zum Abschluss bleibt vielleicht noch Zeit für das **Musée d'Art Moderne et Contemporain** › S. 94, dessen Architektur genauso bemerkenswert ist wie die Sammlung. Bei kühler Witterung kann man im Café Art zu Abend essen und den wunderbaren Blick auf die erleuchtete Altstadt genießen. Bei schönem Wetter kehrt man zurück ins Gerberviertel und sucht sich in einem der Lokale an der Place Benjamin Zix oder am Quai de la Bruche einen Tisch im Freien.

 Tour 9

Ein Wochenende in Straßburg

Verlauf: Münsterplatz › Ferkelmarkt › St-Thomas › La Petite France › (Bootsfahrt auf der Ill) › Münster › Musée de l'Œuvre Notre Dame / Palais Rohan › Rue du Vieux Marché aux Poissons › Rue des Tonneliers / Musée Alsacien › Ponts Couverts › Vauban-Wehr › Musée d'Art Moderne et Contemporain › Europaviertel › Place de la République › Parc des Contades › Place Broglie

Karte: Faltkarte
Distanz/Dauer: 7 km; 2 ½ Tage
Praktische Hinweise:
1. und 2. Tag: Start- und Endpunkt sind je nach Lage des Hotels die Tramhaltestellen Place Broglie (Tram B, C, F), Homme de Fer (A bis D, F) oder Langstross/Grand'Rue (Tram A, D). Der Münsterbesuch am Sonntagmorgen lässt sich eventuell mit der Teilnahme am Gottesdienst verbinden – die Kathedrale wird dann nicht nur als kunsthistorische Sehenswürdigkeit erlebt (Zeiten der Messen › S. 70).
3. Tag: Tram E Haltestelle Droits de l'Homme, vom Europaviertel nach Belieben mit Tram E zum Place de la République. Rückfahrt von der Place Broglie.

Freitagnachmittag: Der von historischen Bauten wie der **Maison Kammerzell** › S. 76 gesäumte **Münsterplatz** › S. 66 ist der ideale Ort, um sich Appetit für das Wochenende zu holen. Hier befinden sich mit dem Office de Tourisme und der Boutique Culture › S. 76 zwei zentrale Informationsstellen. Von der Aussichtsplattform des **Münsterturms** › S. 74 kann man sich einen ersten Überblick über die Altstadt verschaffen, die sich von hier oben als mit Gaubenfenstern gespicktes, rotes Dächermeer präsentiert. Wieder unten angelangt, sollte man einen Blick in den Hof des prächtigen **Palais Rohan** › S. 82 werfen und auch die Schauseite der Fürstbischöflichen Residenz zum Illufer hin würdigen. Auf dem von Ruhebänken gesäumten Uferweg geht es nun am Flüsschen Ill entlang, vorbei an malerischen kleinen Plätzen wie dem **Ferkelmarkt** › S. 85 und an der Kirche **St-Thomas** › S. 89, einem Museum der Grabmalkunst. Nur noch wenige Schritte, und man erreicht das Schleusenwerk der **Petite France** › S. 91. Das malerische Gerberviertel, in dessen Kanälen sich alte Mühlen und blumengeschmückte Fachwerkhäuser spiegeln, ist Straßburgs größter Besuchermagnet. Beim Bummel durch enge Gassen und

Altersschiefe Fachwerkfassaden in der Petite France

über Brücken vergeht die Zeit wie im Flug. Der romantische Zauber des Gerberviertels erschließt sich am besten bei einer Bootsfahrt auf der Ill, vorzugsweise bei Sonnenuntergang. Wer dies erleben möchte, spaziert am Illufer entlang zurück zum Palais Rohan, wo sich der Bootsanleger › S. 43 befindet.

Nach der Rückkehr sucht man sich in der Nähe der Anlegestelle ein Lokal zum Abendessen. An warmen Tagen steuert man die bezaubernde **Place du Marché Gayot** › S. 78 an, wo mehrere Lokale ihre Tische im Freien aufgestellt haben. Bei kühler Witterung ist die gemütliche Winstub »Zuem Strissel« › S. 38 eine gute Wahl.

Samstag: Frühmorgens ist es im **Münster** › S. 66 noch ruhig und man kann fast ungestört die bedeutenden Kunstschätze im Inneren bewundern. Zum Pflichtprogramm gehören die mittelalterlichen Glasfenster, die Kanzel und der Engelspfeiler. Vertiefen lassen sich die gewonnenen Eindrücke im **Musée de l'Œuvre Notre Dame** › S. 74, das die Originalskulpturen und Baurisse des Münster aufbewahrt. Alternativ besucht man die barocken Repräsentationsräume oder eines der drei Museen im **Palais Rohan** › S. 82. Im Anschluss bietet sich ein Bummel über den bunten Bauernmarkt auf der **Place du Marché aux Poissons** › S. 85 an, vielleicht reizt auch die mittägliche Vorführung der **Astronomischen Uhr** › S. 73. Wer nun Appetit verspürt, hat

Die Ponts Couverts verbinden die zwischen den Hauptarmen der Ill gelegene Insel mit den südwestlichen Außenquartieren der Stadt

im Münsterviertel die Auswahl unter zahlreichen Lokalen. Den etwas weiteren Weg zum berühmten Sternerestaurant »Au Crocodil« › **S. 34** rechtfertigen die relativ preiswerten Mittagsmenüs.

Am Nachmittag geht es wieder an der Ill entlang Richtung Gerberviertel, diesmal mit einem Schlenker über die **Rue du Vieux Marché aux Poissons** mit dem **Wohnhaus Goethes** › **S. 87**, die malerische **Place des Tripiers** und die **Rue des Tonneliers** › **S. 88**. Bei schlechtem Wetter ist das volkskundliche **Musee Alsacien** › **S. 116** am anderen Illufer eine Alternative, über den Pont du Corbeau in wenigen Schritten zu erreichen. Lacht der Himmel, so führt der Weg vom Alten Zollhaus erneut zum Gerberviertel. Über die **Ponts Couverts** › **S. 92**, Überreste der alten Stadtbefestigung, erreicht man das **Vauban-Wehr** › **S. 92**, von dessen Aussichtsterrasse sich ein wunderschöner Blick auf die Fachwerkfassaden des Gerberviertels bietet.

Liebhaber moderner Kunst werden sich zum Abschluss das **Musée d'Art Moderne et Contemporain** › **S. 94** nicht entgehen lassen und dort besonders den Werken des Straßburgers Hans Arp ihr Augenmerk widmen. Bei kühler Witterung kann man im Museumscafé zu Abend essen, das einen schönen Ausblick auf die Altstadt und die Ill bietet. Ist der Abend warm, kehrt man in die Petite France zurück und speist in einem der Lokale an der Place Benjamin Zix oder am Quai de la Bruche im Freien. Wer danach noch Tatendrang verspürt, stürzt sich im Ausgehviertel Krutenau ins Nachtleben › **Special S. 114**.

Sonntag: Der dritte Tag gibt einen Eindruck vom neuen Straßburg. Per Tram geht es zunächst ins Europaviertel zu den Sitzen der **Menschenrechtskommission** › **S. 134**, des **Europarates** › **S. 131** und des **Europaparlaments**

› **S. 133**. Diese Schauplätze europäischer Politik sind nur werktags und im Rahmen von Führungen zugänglich, beeindrucken aber allein schon durch ihre futuristische Architektur, die sich in der vorbeifließenden Ill spiegelt. Per Tram oder zu Fuß am Fluss entlang geht es anschließend zur **Place de la République** › **S. 120**, dem Herzstück der Wilhelminischen Neustadt. Gründerzeitliche Repräsentationsbauten wie der **Palais du Rhin,** die einstige Residenz des Kaisers, prägen hier das Bild. Wem nach einer Pause im Grünen zumute ist, macht einen Abstecher zum nahen **Parc des Contades** › **S. 122**. Die den Park säumenden gründerzeitlichen Wohnhäuser gehören zu den begehrtesten Immobilien der Stadt. Kunstinteressierte können alternativ das **Musée Tomi Ungerer** › **S. 123** besuchen, eine Hommage an den bedeutendsten zeitgenössischen Künstler der Stadt.

Über den Pont du Théâtre flaniert man anschließend zur **Place Broglie** › **S. 98**, die das Zentrum des im 18. Jh. entstandenen Französischen Viertels bildet. Auch hier säumen stattliche öffentliche Bauten wie das **Hôtel de Ville** und die **Opéra du Rhin** den Platz. Zwar sind die Geschäfte sonntags geschlossen, doch hat auch ein Schaufensterbummel durch das Einkaufsviertel zwischen Rue du Dôme, Rue des Hallebardes und Rue des Orfèvres seinen Reiz. Für den Heimweg stärken kann man sich z. B. im »S'Burjerstuewel« › **S. 35**.

Europäisches Flair & Vorstadtidyll

Verlauf: Palais des Droits de l'Homme › **Parlement Européen** › **Palais de l'Europe** › **Parc de l'Orangerie** › **Quai Mullenheim** › **St-Paul** › **Pont d'Auvergne** › **Place de l'Université** › **Quai des Pêcheurs** › **Manufacture de Cigares** › **Galerie La Chaufferie** › **Musée Alsacien** › **Historischer Weinkeller** › **Bierbrauerei Kronenbourg**

Karte: Faltkarte
Distanz/Dauer: 6,5 km (ohne Tramfahrt zur Brauerei Kronenbourg); 1 Tag
Praktische Hinweise:
Die Tour lässt sich per Rad oder zu Fuß und abschnittsweise mit der Tram unternehmen. Zur Haltestelle Droits de l'Homme im Europaviertel gelangt man mit der Tram E. Von der Haltestelle Porte de l'Hôpital in der Krutenau verkehrt die Tram A zur Brasserie Kronenbourg (Haltestelle Ducs d'Alsace). Achtung: Nur wer sich zuvor telefonisch angemeldet hat, kann an den Führungen durch die europäischen Institutionen › S. 132 (de.strasbourg-europe.eu) und die Brauerei Kronenbourg › S. 36 (www.brasseries-kronenbourg.com) teilnehmen. Einzelpersonen über 14 Jahre können in beschränkter Zahl für eine Stunde Plenarsitzungen beiwohnen, wenn das Europaparlament gerade tagt (Termine unter www.europarl.europa.eu/visiting/de/strasbourg.html). Dazu findet man sich mit Personalausweis bzw. Reisepass am Besuchereingang ein.

Auf dieser Tour lernt man das Straßburg der großen Politik kennen – und im Kontrast dazu jenes der kleinen Leute. Per Tram geht es zunächst ins Europaviertel – der **Palais des Droits de l'Homme** › **S. 134** und das **Europaparlament** › **S. 133** auf dem gegenüberliegenden Ill-Ufer sind nicht nur als Schauplätze europäischer Politik interessant, sondern auch als Meilensteine moderner Hightech-Architektur. Den Charme der 1970er-Jahre verbreitet hingegen der **Palais de l'Europe** › **S. 131** mit seinen schräg emporstrebenden Wänden. Werktags kann man sich bei Führungen (nur nach Voranmeldung!) über die Funktion und Arbeitsweise der Institutionen informieren. Hinter dem Europarat erstreckt sich der **Parc de l'Orangerie** › **S. 133** mit dem für Kaiserin Josephine erbauten Schlösschen. Wer beim Rundgang durch die hübsche Grünanlage Appetit bekommt, tut es den Abgeordneten gleich und nimmt im Sternerestaurant »Buerehiesel« › **S. 34** das Déjeuner ein.

Gekräftigt geht es nun auf dem **Quai Mullenheim** › **S. 130** am Illufer entlang; bis zum Pont d'Auvergne säumt wilhelminische Architektur den Weg, die in der Kirche **St-Paul** › **S. 123** gipfelt. Der Repräsentationsstil der Gründerzeit prägt auch die **Place de l'Université** › **S. 124**, die von studentischer Lebendigkeit fast überquillt. Wem das »Buerehiesel« zu kostspielig war, dem bieten sich hier preiswerte Alternativen.

Am **Quai des Pêcheurs** › **S. 130** wurden drei Schleppkähne zu schwimmenden Restaurants bzw. Bars umfunktioniert; dort kann man mit Blick auf die Altstadttürme einen Digestif oder Kaffee zu sich nehmen. Man ist nun in der **Krutenau** › **S. 108** angekommen, einem noch sehr authentischen, von Studenten der nahen Uni, Künstlern, Kleinbürgern und Einwanderern ge-

Rekonstruktion einer bäuerlichen Stube im Musée Alsacien

Gastronomischer Anziehungspunkt: die Restaurant- und Barschiffe am Quai des Pêcheurs

prägten Viertel. Klassische Sehenswürdigkeiten gibt es hier keine, doch verbreiten die Gassen rund um die beschauliche **Place Ste-Madeleine** › S. 111 einen ganz eigenen Charme. Ganz in der Nähe der letzten **Zigarrenmanufaktur** Frankreichs (7, rue de la Krutenau) › S. 112, die 2010 ihren Betrieb einstellte, zeigt **La Chaufferie**, die Galerie der HEAR (Haute École des Arts du Rhin), viel beachtete Wechselausstellungen zeitgenössischer Kunst (5, rue de la Manufacture de Tabac, Tel. 03 69 06 37 78, hear.fr/evenementiel/chauferie.php, Mi–Sa 15–19 Uhr).

Am Quai des Bateliers entlangspazierend gelangt man zum **Musée Alsacien** › S. 116, einem der besten Volkskundemuseen Frankreichs. Hier kann man in alten Bauernstuben dem Elsass vergangener Zeiten nachträumen. Historisches Flair verbreitet auch die **Cave historique** › S. 110, ein 400 Jahre altes Weindepot, dessen Eingang sich auf dem Gelände des Städtischen Krankenhauses an der Place de l'Hôpital befindet.

Wie der Weinanbau ist auch das Bierbrauen ein Stück Elsass und zudem ein wichtiges Kapitel der Straßburger Stadtgeschichte. Wer sich dafür interessiert, fährt mit der Tram in die Peripherie zur **Bierbrauerei Kronenbourg** › S. 36. Nach vorheriger Anmeldung kann man an Führungen durch die historischen Kellergewölbe teilnehmen. Anschließend geht es mit der Tram ins Stadtzentrum zurück. Ein Abendessen im »Renard Prêchant« › S. 38 oder einem der vielen anderen Lokale in der Krutenau bildet den stimmungsvollen Abschluss des Tages – es sei denn, man stürzt sich noch ins bunte Nachtleben des Viertels › Special S. 114.

Infos von A–Z

Ärztliche Versorgung
Beim Arztbesuch muss auch bei Vorlage der Europäischen Krankenversicherungskarte (EHIC) das Honorar bzw. bei Medikamenten eine Selbstbeteiligung bezahlt werden. Die Kosten werden gegen Vorlage der Quittung von der Versicherung im Herkunftsland bzw. der zuständigen örtlichen Caisse Primaire d'Assurance Maladie erstattet. Eine Alternative für Reisende aus der BRD ist ein Arztbesuch im deutschen Kehl.

Notdienste der Apotheken *(pharmacies)* sind am Eingang und im Lokalteil der Zeitung angezeigt.

Barrierefreies Reisen
ARAHM, Association Régionale d'Aide aux Handicapés Moteurs, 116, rue de la Ganzau, 67100 Strasbourg, Tel. 03 88 65 8410, www.arahm.fr

Diplomatische Vertretungen
- **Deutsches Generalkonsulat,** 6, quai Mullenheim, 67000 Strasbourg Tel. 03 88 24 67 00, Fax 03 88 75 79 82, www.strassburg.diplo.de
- **Österreichisches Generalkonsulat,** 29, av. de la Paix, 67000 Strasbourg, Tel. 03 88 35 13 94, www.bmeia.gv.at/botschaft/gk-strassburg.html
- **Schweizer Generalkonsulat,** 23, rue Herder, 67000 Strasbourg Cedex, Tel. 03 88 35 00 70 Fax 03 88 36 73 54, www.eda.admin.ch/strasbourg

Einreise
Trotz des Wegfalls der Grenzkontrollen müssen auch EU-Bürger ihre Personalpapiere mitnehmen; Schweizer benötigen den Reisepass bzw. die Identitätskarte. Für Autofahrer reichen der nationale Führerschein und die Zulassung, die grüne Versicherungskarte ist zu empfehlen.

Feiertage
Neujahr, Karfreitag, Ostermontag, 1. Mai (Tag der Arbeit), 8. Mai (Ende des Zweiten Weltkrieges), Christi Himmelfahrt, 14. Juli (Nationalfeiertag), 15. August (Mariä Himmelfahrt), 1. Nov. (Allerheiligen), 11. Nov. (Ende des Ersten Weltkriegs), 25. und 26. Dez. (Weihnachten).

Fundbüro
Bureaux des Objets Trouvés, 20, place de la Gare (Bahnhof), 67000 Strasbourg, Tel. 03 88 75 41 63

Geld
Die Währungseinheit in Frankreich ist seit 2002 der Euro.

An Bankschaltern mit entsprechenden Symbolen kann man mit Bankkarte (Cirrus- oder Maestro-Symbol obligatorisch) bzw. mit international gebräuchlichen Kreditkarten und PIN-Nummer Bargeld abheben. Gängige Kreditkarten werden in den meisten Hotels und Restaurants akzeptiert.

Urlaubskasse	
Tasse Kaffee	3,30 €
Softdrink	3,50 €
Glas Bier	3,50 €
Snack (Tarte Flambée)	6,80 €
Kugel Eis	2 €
Taxifahrt (Kurzstrecke 10–12 km)	20 €
Mietwagen/Tag	ca. 65 €

Information

- **Straßburg: Office de Tourisme (O.T.) de Strasbourg et sa Région,** 17, pl. de la Cathédrale (am Münster), 67082 Strasbourg Cedex, Tel. 03 88 52 28 28, www.ot-strasbourg. com, tgl. 9–19 Uhr. Zweigstelle im Bahnhof, Mo–Sa 9–19, So 9–12.30, 13.45–19 Uhr.
- **Elsass: Agence de Développement Touristique du Bas-Rhin,** 4, rue Bartisch, 67100 Strasbourg, Tel. 03 88 15 45 88, www.tourisme67.com
- **Comité Régional du Tourisme d'Alsace,** 20 a, rue Berthe Molly, 68005 Colmar Cedex, Tel. 03 89 24 73 50, www.tourisme-alsace.com
- **Frankreich: Atout France – Französische Zentrale für Tourismus,** www.rendezvousenfrance.com: Postfach 100128, 60001 Frankfurt/Main, info.de@rendezvousenfrance.com; Postfach 3376, CH-8023 Zürich, info.ch@rendezvousenfrance.com; Lugeck 1–2, A-1010 Wien, Tel. 01/503 28 92 (bevorzugt 9–15 Uhr), info.at@rendezvousenfrance.com

Notruf

- **Europäischer Notruf:** Tel. 112
- **Ambulanz/Notarzt SAMU:** Tel. 15
- **SOS Médecins:** Tel. 03 88 75 75 75
- **Feuerwehr:** Tel. 18
- **Polizei:** Tel. 17
- **Gendarmerie:** Tel. 03 88 37 52 99
- **Pannenhilfe/Abschleppdienst** (Automobil Club d'Alsace): Tel.03 88 36 62 62, www.automobileclub.org

Öffnungszeiten

- **Banken:** Mo–Fr 9–12 und 14–17 Uh
- **Kleinere Läden** haben Mo–Sa meist 9–12 Uhr und 14–19 Uhr geöffnet. Mo morgens oder Mi mittags haben einige kleine Geschäfte geschlossen. Bäckereien, Lebensmittelläden, Souvenirshops sowie Tabak- und Blumenläden haben auch So geöffnet.
- **Restaurants:** Mittagessen wird meistens von 12–14, Abendessen von 19–22 Uhr serviert. Dazwischen bleibt das Restaurant meistens geschlossen.r
- Die Öffnungszeiten von **Museen, Kirchen** und **Sehenswürdigkeiten** sind sehr unterschiedlich. Für die städtischen Museen gilt: Mo, Mi–So 10–18 Uhr, Di geschl.

Post/Internet

Postämter sind in der Regel Mo–Fr von 8–18.30 Uhr und Sa bis 12 Uhr geöffnet. Hauptpost: 5, av. de la Marseillaise; Postamt am Münster: 5, pl. du Château. Briefmarken gibt es auch im Bar-Tabac.

- **Netpost-Center:** 7, rue Division Leclerc, Tel. 03 88 22 99 12
- **Net sur Cour,** 18, quai des Pêcheurs, Tel. 03 88 35 66 76
- **Cyber Café L'Utopie,** 21, rue Fossé des Tanneurs, Tel. 03 88 23 89 21

Stadttouren

90-minütige **Führungen** durch die Altstadt auch auf Deutsch organisiert das Office de Tourisme. Es gibt auch Führungen zu speziellen Themen (z.B. Mittelalter, Goethe, Jüdisches Leben, Europaviertel). Für 5,50 € (plus 100 € Kaution) kann man im Verkehrsamt für 3 Std. einen Audioguide leihen und mithilfe einer Wegekarte Straßburg im eigenen Tempo erkunden.

Die **Minitram** fährt vom Münsterplatz durch die Altstadt bis ins Gerberviertel. Unterwegs gibt es Kommentare in vier verschiedenen Sprachen. Fahrkartenverkauf bei Abfahrt, Dauer 40 Min., Tel. 03 88 77 70 03, Mitte März–Mitte Nov., 5,50 €.

Telefon/Handy

Télécartes (Telefonkarten) für Telefonzellen gibt es im Postamt und in Tabakläden (Bar-Tabac). Manche Telefonzellen funktionieren auch mit Kreditkarten. Bei den zehnstelligen französischen Telefonnummern gibt es keine Vorwahl, alle Nummern müssen eingegeben werden. Nummern, die mit 0800 beginnen, sind gebührenfreie Servicenummern. Tipps zum Telefonieren im Internet unter www.frankreich-info.de/service/reiseinformationen/telefonieren-frankreich

Handys funktionieren in Frankreich problemlos (an Tankstellen verboten). Infos zu Netzanbietern und Roaming-Kosten in Frankreich: www.teltarif.de/roaming/frankreich/handy.html
Internationale Vorwahlnummern:
• Deutschland 00 49 | Österreich 00 43
• Schweiz 00 41 | Frankreich 00 33

Zeitungen

Die Straßburger »Dernières Nouvelles d'Alsace« (DNA, www.dna.fr) ist die wichtigste elsässische Tageszeitung. Sie erscheint auch in einer z. T. deutschsprachigen Ausgabe. Unter »Aujourd'hui à Strasbourg« findet man den aktuellen Veranstaltungskalender sowie die Telefonnummern von Ärzten und Apotheken. Mittwochs gibt es eine Vorschau auf kulturelle Ereignisse.

Zoll

Reisende aus EU-Ländern können Waren für den eigenen Bedarf unbegrenzt ein- und ausführen. Schweizer dürfen einmal täglich zollfrei in die Schweiz einführen: 2 l Wein und 1 l Spirituosen Bis zu einem Wert von 300 CHF pro Person sind Lebensmittel für den privaten Verbrauch und 200 Zigaretten oder 50 Zigarren abgabenfrei erlaubt.

GUT ZU WISSEN

• **Museen:** Die Straßburger Museen haben im Vergleich zu anderen Städten unorthodoxe Öffnungszeiten. Als Faustregel gilt: Mo, Mi–So 10–18 Uhr, Di geschl. Einige Museen sind am Mo, andere am Di geschlossen und grundsätzlich alle am 1. Mai. Am 1. So im Monat ist der Eintritt in alle Museen gratis.

• **Rauchen:** 2008 wurde das Rauchverbot von öffentlichen Gebäuden auf die gesamte Gastronomie (Restaurants, Kneipen, Diskotheken etc.) ausgedehnt. Auch die Hotels weisen immer mehr Nichtraucherzimmer aus.

• **Sicherheit:** Auch wenn Straßburg eine recht sichere Stadt ist, sollte man sich vor Taschendieben hüten. Dies gilt insbesondere für das Gerberviertel, den Münsterplatz, die Weihnachtsmärkte und alle Orte, wo Gedränge herrscht. Der PKW sollte auf einem gesicherten Parkplatz abgestellt werden.

• **Straßburg-Pass:** Der Pass berechtigt 3 Tage lang zu einem kostenfreien Museumsbesuch, dem Aufstieg zur Münsterplattform, der Besichtigung der Astronomischen Uhr, einer Bootstour und einem Mietfahrrad für einen halben Tag. Auf den Eintritt zu weiteren Sehenswürdigkeiten, Stadtführungen und Fahrten mit der Mini-Tram werden Ermäßigungen gewährt. Der Pass ist im Office de Tourisme erhältlich und kostet für Erwachsene 16,90 €, für Kinder 8,45 €.

• **Toiletten:** Öffentliche WCs sind rar. Zwei recht ordentliche befinden sich vor dem Musée de l'Œuvre Notre Dame und am Quai de la Petite France.

Register

Albertus Magnus 58
Ancienne Douane 88
Andlauer Hof 78
Aquéduc de Janus 107
Arp, Hans **61**, 88, 95, 104, 134
ARTE 130
Aubette 102, 134
Avenue de la Liberté 123

Bains Municipaux 44, 60
Banque de France 107
Barrage Vauban 92
Beblo, Fritz 61
Bibliothèque Nationale et Universitaire 121
Boersch 142
Bootsrundfahrten 43
Brant, Sebastian 59
Broglie, Marschall 99
Bucer, Martin 58

Cagliostro-Haus 78
Centre International de l'Illustration Tomi Ungerer **123**, 134
Chambre de Commerce 59, 89
Colmar 58, **137**
Conrath, Jean Geoffroy 118
Cour de Rathsamhausen 91
Cour du Corbeau 113

Deutsches Viertel 23

Einkaufen 40
ENA 51, 94
Europäische Institutionen 132
Europaparlament 13, 17, 107
Europaviertel 23

Fachwerkarchitektur 93
Fahrrad 26, **44**
Fainsilber, Adrien 94, 134
Feiertage 152

Fundbüro 152

Geiler von Kaysersberg 52, 58, 72
Goethe, Johann Wolfgang 87, 91, 124
Gottfried von Straßburg 56
Grande Boucherie 87
Grand'Rue 95
Grünewald, Matthias 58
Gutenberg, Johannes 52, 58, 89

Hadid, Zaha 134
Hammer, Hans 72, 105
Hannong, Charles-Francois 84
Hannong, Joseph 84
Hans Baldung Grien 59, 75
Hans von Aachen 69
Haus des Gerbers Hans Schenk 91
Historischer Weinkeller 110
Hoenheim Gare 134
Hôtel de Ville 99
Hôtel du Gouverneur Militaire 100
Hültz, Johannes 67

Illinsel 22
Information 153
Isenheimer Altar 58, **138**

Jardin Botanique 125

Kanutouren 44
Karl der Kahle 52
Kléber, Jean-Baptiste 102
Krutenau 23

L'Aubette 107
Leclerc, Général 100
Les Naïades (Otrott) 28
Le Vaisseau 28
Levy, Ludwig 121
Louis XIV. 52, 91, 106, 119
Luckner, Graf 100
Ludwig der Deutsche 52

Ludwig I. von Bayern 100
Lycée Fustel de Coulanges 69, 78

Maison des Tanneurs 92
Maison Kammerzell 59, 76, 87
Malraux, André 122
Manufacture de Cigares 112, 151
Marlenheim 140
Massol, Joseph 82, 99
Maximilian von Zweibrücken, Herzog 100
Meister Eckhart 52, 58
Metternich, Fürst 124
Molsheim 140
Mont Ste-Odile 55, 143
Muller, Louis 123
Münster 19, 55, 56, 57, **66**, 94
Musée Alsacien 116
Musée Archéologique 83
Musée d'Art Moderne et Contemporain 15, **94**, 134
Musée de l'Œuvre Notre-Dame 14, 56, 57, 58, 67, 68, 70, **74**, 91
Musée de Minéralogie 125
Musée des Arts Décoratifs 84
Musée des Beaux-Arts 84
Musée de Sismologie et Magnétisme terrestre 125
Musée Historique 87
Museen 107, 154
Musée Zoologique 125

Napoleon Bonaparte 82, 124, 133
Nautiland (Haguenau) 28
Notruf 153

Obernai 142
Öffnungszeiten 17, 153
Opéra du Rhin 45, 100
Orth, August 118

Palais de Justice 119
Palais de l'Europe 107, **131**
Palais des Droits de l'Homme 107, 134
Palais du Rhin 121
Palais Rohan 59, 82
Palais Universitaire 124
Parc de l'Orangerie 12, 107, 133
Parc des Contades 122
Parlement Européen 133
Parler, Michael 69
Pasteur, Louis 124
Peter Hemmel von Andlau 58, 76, 112, 137
Petite France 19, 91
Pharmacie du Cerf 76
Pigalle, Jean-Baptiste 90
Place du Marché Gayot 115
Place Benjamin Zix 92
Place Broglie 98, 103
Place de la Cathédrale 17, 66, 103
Place de la République 120
Place de l'Homme de Fer 104 , 134
Place de l'Université 124
Place des Orphelins 111
Place des Tripiers 88
Place du Corbeau 113
Place du Marché aux Cochons de Lait **85**, 87
Place du Marché aux Poissons 85
Place du Marché Gayot 78, 87
Place Gutenberg 12, 89
Place Kléber 45, **102**, 103, 134
Place Ste-Madeleine 111
Place St-Etienne 78, 87
Planetarium 125
Pont d'Auvergne 123, 130
Pont du Corbeau 113
Pont du Faisan 95
Ponts Couverts 92
Pont Ste-Madeleine 85
Pont St-Martin 91
Poterie d'Alsace 40
Pourtalès 136

Préfecture 121

Quai de la Bruche 94
Quai des Pêcheurs 13, 94, 130
Quai Jacques-Sturm 120
Quai Mullenheim 130
Quai St-Nicolas 110
R enan, Ernest 54
Ries, Roland 50
Rigaud, Hyacinthe 83
Robertsauer Auwald 136
Rogers, Richard 134
Rohan, Familie 53, 82
Rosheim 55, 141
Rouget de Lisle, Claude-Joseph 53, 100, 107
Royal Palace Kirrwiller 46
Rue d'Austerlitz 111
Rue des Écrivains 78
Rue des Francs-Bourgeois 102
Rue des Frères 76
Rue des Juifs 77
Rue des Orfèvres 80, 101
Rue des Tonneliers 87, 88
Rue du Bain aux Plantes 92
Rue du Dôme 76, 101
Rue du Fossé des Treize 119
Rue du Maroquin 86
Rue du Vieux Marché aux Poissons 87

Schokoladenmuseum (Geispolsheim) 28
Schongauer, Martin 58
Schöpflin, Johann Daniel 124
Schutz, Roger 124
Schweitzer, Albert 90, 110
Schwilgué, Jean-Baptiste 73
Sicherheit 154
Silbermann, Andreas 72, 90, 106
Souvenirs 40
Sprache 50
Stadttouren 153
Stadtverkehr 50

St-Etienne 78
St-Guillaume 58, **112**
St-Nicolas 110
Stoskopff, Sebastian 76
St-Paul 94, **123**, 130
St-Pierre-le-Jeune (catholique) 119
St-Pierre-le-Jeune (protestant) 15, 55, **105**
Straßburg-Pass 154
St-Thomas 56, 59, 72, **89**
Synagoge 122

Taeuber-Arp, Sophie 104, 134
Tauler, Johannes 52
Temple Neuf 102
Théâtre National 45, **122**
Toiletten 154
Trésorerie Générale 121

Ungerer, Théodore 84
Ungerer, Tomi 54, **60**, 61, 84, 107, 118, 12

Van Doesburg, Theo 104, 134
Vauban 52
Vauban, Marschall 52, 59, 92
Verwaltung 50
von Hagenau, Nikolaus 74
von Leyden, Nikolaus Gerhaert 72, 75

Wagner, Veit 72
Warth, Otto 124
Waydelich, Raymond 61, 84
Weihnachtsmärkte 61, 98, **103**
Weinstraße 139
Wernher von Habsburg, Bischof 52, 55
Wirtschaft 51
Witz, Konrad 75
Wohnhaus Goethes 87

Zoll 154

Bildnachweis

Coverfoto: © LOOK-foto/Sabine Lubenow; Lycee International am Fluß III
Fotos Umschlagrückseite © Huber Images/Schmid, Reinhard (links); Catch-the-Day/Braunger, Manfred (Mitte); Mauritius Images/imageBROKER/Castellano (rechts)

Alamy/Sagaphoto.com/S. Gauthier 111; Catch-the-Day/Braunger, Manfred 27, 29, 33, 40, 45, 53, 55, 59, 60, 67, 70, 72, 75, 81, 83, 86, 88, 90, 93, 99, 101, 105, 113, 118, 120, 122, 133, 143, 145, 150; Fotolia.com/endermasali 25; Fotolia.com/Hoppe, Sven 23; Fotolia.com/Landgraf, Uwe U2-2; Fotolia. com/Yvann K U2-4, 138; Fotolia/Panorama.de U2-3; Freyer, Ralf 39, 131, 135, 141; Hôtel Régent Petite France 31; Huber Images/Schmid, Reinhard U2-1, 6, 62, 80; laif 108; laif/hemis 103; laif/hemis. fr/Body, Philippe 36; laif/hemis.fr/Chicurel, Arnaud 73; laif/hemis.fr/Rieger, Bertrand 57; LOOK-foto/ age fotostock 147; LOOK-foto/Pompe, Ingolf 20, 35; Look-oto/SagaPhoto 14; Mauritius Images/ Alamy 8 unten, 9 oben, 13, 51, 128, 151; Mauritius Images/Clasen, Josefine 64; Mauritius Images/ imageBROKER/Castellano, Jose Antonio Moreno 48; Mauritius Images/Mattes, Rene 117, 124, 132; Pixelio/Bartl, Alexander 77; Pixelio/Mic.Ro 106; Rössig, Wolfgang 8 oben, 9 unten, 10; Royal Palace 47; shutterstock/Ilyasov, Vitaly 17; Storto, Walter 68; Wagner, Hanna 43, 85, 95, 148; Wikipedia/Jean Claude Hatterer 104; Wikipedia/The Yorck Project 58; Wrba, Ernst 114.

Liebe Leserin, lieber Leser,
wir freuen uns, dass Sie sich für diesen POLYGLOTT on tour entschieden haben.
Unsere Autorinnen und Autoren sind für Sie unterwegs und recherchieren sehr gründlich, damit Sie mit aktuellen und zuverlässigen Informationen auf Reisen gehen können.
Dennoch lassen sich Fehler nie ganz ausschließen. Wir bitten Sie um Verständnis, dass der Verlag dafür keine Haftung übernehmen kann.

Ihre Meinung ist uns wichtig. Bitte schreiben Sie uns:
TRAVEL HOUSE MEDIA GmbH, Redaktion POLYGLOTT, Grillparzerstraße 12, 81675 München, redaktion@polyglott.de
www.polyglott.de

1. komplett überarbeitete Auflage 2015

© 2015 TRAVEL HOUSE MEDIA GmbH München
Dieses Buch wurde auf chlorfrei gebleichtem Papier gedruckt.
ISBN 978-3-8464-2766-8

Alle Rechte vorbehalten. Nachdruck, auch auszugsweise, sowie die Verbreitung durch Film, Funk, Fernsehen und Internet, durch fotomechanische Wiedergabe, Tonträger und Datenverarbeitungssysteme jeglicher Art nur mit schriftlicher Genehmigung des Verlages.

Bei Interesse an maßgeschneiderten POLYGLOTT-Produkten:
Tel. 089/450 00 99 12
veronica.reisenegger@travel-house-media.de

Bei Interesse an Anzeigen:
KV Kommunalverlag GmbH & Co KG
Tel. 089/928 09 60
info@kommunal-verlag.de

Verlagsleitung: Michaela Lienemann
Redaktionsleitung: Grit Müller
Verlagsredaktion: Anne-Katrin Scheiter
Autoren: Claudia Christoffel-Crispin, Gerhard Crispin, Wolfgang Rössig
Redaktion: Silwen Randebrock
Bildredaktion: Silwen Randebrock
Mini-Dolmetscher: Langenscheidt
Layoutkonzept/Titeldesign:
fpm factor product münchen
Karten und Pläne: Sybille Rachfall
Satz: Tim Schulz, Mainz
Herstellung: Sophie Vogel
Druck und Bindung:
Firmengruppe APPL, aprinta druck, Wemding

PEFC
PEFC/04-32-0928

TRAVEL HOUSE MEDIA

Ein Unternehmen der
GANSKE VERLAGSGRUPPE

Mini-Dolmetscher Französisch

Allgemeines

Guten Tag.	Bonjour. [bõsehur]
Hallo!	Salut! [ßalü]
Wie geht's?	Ça va? [ßa wa]
Danke, gut.	Bien, merci. [bjë märßi]
Ich heiße ...	Je m'appelle ... [sehö mapäll]
Auf Wiedersehen.	Au revoir. [o röwoar]
Morgen	matin [matë]
Nachmittag	après-midi [aprämidi]
Abend	soir [ßoar]
Nacht	nuit [nüi]
morgen	demain [dömë]
heute	aujourd'hui [osehurdüi]
gestern	hier [jär]
Sprechen Sie Deutsch?	Parlez-vous allemand? [parle wu almã]
Wie bitte?	Pardon? [pardõ]
Ich verstehe nicht.	Je ne comprends pas. [sehö nö kõprã pa]
Sagen Sie es bitte nochmals.	Pourriez-vous répéter, s'il vous plaît? [purje wu repete ßil wu plä]
..., bitte.	..., s'il vous plaît. [ßil wu plä]
danke	merci [märßi]
Keine Ursache.	De rien. [dö rjë]
was / wer / welcher	quoi / qui / quel [koa / ki / käll]
wo / wohin	où [u]
wie / wie viel	comment / combien [komã / kõbjë]
wann / wie lange	quand / combien de temps [kã / kõbjë dö tã]
warum	pourquoi [purkoa]
Wie heißt das?	Comment ça s'appelle? [komã ßa ßapäll]
Wo ist ...?	Où est ...? [u ä]
Können Sie mir helfen?	Pouvez-vous m'aider? [puwe wu mäde]
ja	oui [ui]
nein	non [nõ]
Entschuldigen Sie.	Excusez-moi. [äkskü.se moa]
Das macht nichts.	Ça ne fait rien. [ßa nö fä rjë]
Gibt es hier eine Touristeninformation?	Est-ce qu'il y a une information touristique ici? [äskilja ün ëformaßjõ turistik ißi]
Haben Sie einen Stadtplan?	Avez-vous un plan de la ville? [awe wus ë plã dö la wil]
geschlossen	fermé [färme]

Shopping

Wo gibt es ...?	Où est-ce qu'il y a ...? [u äskilja]
Wie viel kostet das?	Ça coûte combien? [ßa kut kõbjë]
Das ist zu teuer.	C'est trop cher. [ßä tro schär]
Das gefällt mir. / Das gefällt mir nicht.	Ça me plaît. / Ça ne me plaît pas. [ßa mö plä / ßa nö mö plä pa]
Wo gibt es hier eine Bank?	Où est-ce qu'il y a une banque ici? [u äskilja ün bäk ißi]
Ich suche einen Geldautomaten.	Je cherche un guichet automatique. [sehö schärsch ë gischä otomatik]
Geben Sie mir 100 g Käse.	Donnez-moi cent grammes de fromage. [done moa ßã gram dö fromaseh]
Haben Sie deutsche Zeitungen?	Avez-vous des journaux allemands? [awe wus de sehurno almã]

Essen und Trinken

Die Speisekarte, bitte.	La carte, s'il vous plaît. [la kart ßil wu plä]
Brot	pain [pë]
Kaffee	café [kafe]
Tee	thé [te]
mit Milch / Zucker	au lait / sucre [o lä / ßükrə]
Orangensaft	jus d'orange [sehü doräseh]
Suppe	soupe [ßup]
Fisch / Meeresfrüchte	poisson / fruits de mer [poassõ / früi dö mär]
Fleisch / Geflügel	viande / volaille [wjãd / wolaj]
Beilage	garniture [garnitür]
vegetarische Gerichte	cuisine végétarienne [küisin wesehetarjänn]
Eier	œufs [öh]
Salat	salade [ßalad]
Dessert	dessert [dessär]
Obst	fruits [früi]
Eis	glace [glass]
Wein	vin [wë]
Bier	bière [bjär]
Aperitif	apéritif [aperitif]
Wasser	eau [o]
Mineralwasser	eau minérale [o mineral]
Limonade	limonade [limonad]
Ich möchte bezahlen.	L'addition, s'il vous plaît. [ladißjõ ßil wu plä]

Meine Entdeckungen

....

....

....

....

....

....

....

....

....

....

....

....

....

....

....

....

....

....

Clevere Kombination mit POLYGLOTT Stickern

Einfach Ihre eigenen Entdeckungen mit Stickern von 1–16 in der Karte markieren und hier eintragen. Teilen Sie Ihre Entdeckungen auf facebook.com/polyglott1.

Checkliste Straßburg

Nur da gewesen oder schon entdeckt?

☐ **Münster im Lichterkleid**
In den Sommermonaten tauchen Lichtkünstler die Fassade des Münsters in magisch choreographierte Regenbogenfarben. › S. 14

☐ **Gotische Fresken**
Biblische Szenen im Stil Giottos schmücken die Wände der mittelalterlichen Kirche St-Pierre-le-Jeune (protestant). › S. 15

☐ **Störche in der Orangerie**
Am besten entdeckt man den im Parc de l'Orangerie und in den Bäumen der Allée de la Robertsau klappernden Meister Adebar auf einer Radtour. › S. 12

☐ **Auf der Ill**
Im gemieteten Zweierkanu entdeckt man die Fachwerkfassaden in der Petite France von ihrer schönsten Seite. › S. 12

☐ **Party auf der Péniche**
Auf ankernden Flusskähnen tanzt Straßburgs Jugend zu feurigen Rhythmen mit tollem Blick auf die illuminierte Altstadt. › S. 13

☐ **Bibeleskaes**
Mit Kräutern zubereiteter Quark inklusive Münsterblick auf der Terrasse der Maison Kammerzell: die ideale leichte Mittagsmahlzeit! › S. 14

☐ **Schlemmen im Buerehiesel**
In einem alten Fachwerkhaus verführen Eric Westermanns verfeinerte elsässische Speisen mit exotischem Touch nicht nur Europaparlamentarier. › S. 34

Mitbringsel für Daheim

Tischdecken von Beauvillé: Farbenfrohe Textilien für elsässisches Flair daheim › S. 15

Eau de Vie Quetsch: Fruchtigfeine Obstbrände, nicht nur aus Zwetschgen › S. 16